이정헌의 따툰

이정헌의 따툰

따뜻한 사람 이정헌이 그림으로 연대하는 세상

헤움터

추천사

〈추천사〉

이정현 화백의 만화는 작가의 성품을 닮아 따뜻하면서도 분명하다. 이번 작품집에 실린 만화들은 우리가 살고 있는 21세기 대한민국의 문제를 정확히 짚으면서 시민의 연대로 풀어 나가자고 제안한다. 그의 만화에서 많은 위로를 얻었던 사람으로, 많은 분들이 이 책을 통해 험한 세상을 이겨낼 힘을 얻길 희망한다.

조국 (전 조국혁신당 대표)

추천사

따스한 온기를 느껴보세요.

벼랑 끝에 서 있던 한 사람에게 다가와 손을 꼬옥 잡아준 이가 있습니다. 수백수천의 화살촉이 그 사람을 향해 날아와 심장에 꽂힐 때, 옆에 서 있는 것만으로도 그 화살촉을 함께 맞아야 했던 시간들이었습니다.

그때 그 사람은 매일 밤 죽음을 생각하고 있었습니다. 죽음 후 맞이할 내일은 고요한 아침일 것이라는 유혹이 자꾸만 그 사람을 벼랑 끝으로 몰고 갔습니다.

30년의 아스팔트 길 위에서 다져진 심장도, 분단된 땅 위에서 인권과 평화 활동가로 살면서 단단해진 정신도, 흔들릴 수밖에 없는 시간이었습니다.

'사람' 때문에 산다고 생각했고, '사람'이 '희망'이라 믿으며 살아왔던 그 사람의 삶이 무너졌습니다. 적이 아닌, 동지라고 생각했던 사람들의 침묵, 선 긋기를 보며 수백수천의 화살촉들을 견딜 의미가 없다고 생각했습니다. 30년, 그 긴 세월 동안 거리에서 만든 인연들이 모래 위에 세워진 것이었던가, 그 벼랑 끝에서 물어야 했습니다.

그때 그 사람에게 따스한 온기로 다가와 지난 인연을 붙잡으려 자신을 힘들게 하지 말라고 말해 준 인연이 있었습니다. 시커먼 숯덩이가 되어 바스러져 무너져 내릴 것 같은 그 사람의 심장에 물기를 촉촉이 뿌려주고, 초록 희망을 틔우게 해주었습니다. 얼굴에 다시 웃음을 그려주었습니다.

그 사람은 이제 자신의 웃는 얼굴이 찍힌 사진을 보며 또 웃습니다. '아, 내가 이렇게 웃을 수 있구나'

이정헌 작가의 작품은 저에게 그렇게 온기가 되었습니다.

책을 한 장 한 장 넘기며 다시 그 시간들이 생각났습니다. 그런데… 아프지 않았습니다. 아, 이겨냈구나. 역시 사람이 희망이었습니다. '사람에 대한 사랑'이 다시 희망을 세우는 힘이었습니다. 『이정헌의 따툰』 속에 담긴 사람에 대한 사랑이 페이지를 넘길 때마다 손가락 끝을 통해 온기를 전해줍니다.

검, 언의 '사건을 향한 수사, 보도'가 아니라 '콕 집은 사람을 향한 수사와 보도'로 인해 무자비한 공격에 놓였던 피해자들은 시간이 가도 그 상처들이 옅어지지 않습니다. 그러나 우리의 기억 속에서 그 피해자들의 상처가 옅어지고 있습니다. 이정헌 작가의 그림은 그것을 허락하지 않습니다. 한 장 한 장에 담긴 작품을 대할 때마다 우리에게 기억하라 이야기합니다. 우리에게 따스한 온기를 품고 그 피해자들 곁에 함께 서 있어 달라고 말해줍니다.

벼랑 끝에서 다시 광장으로, 다시 사람들 곁으로 돌아와 희망을 일구기 위해 뛰고 있는 그 사람이 느꼈던 따스한 온기, 그 온기를 이 책을 접할 분들도 함께 느낄 수 있기를 바랍니다.

다시 우리가 만들어가야 할 희망, 그 시작을 『이정헌의 따툰』에서 찾을 수 있으리라 생각합니다.

윤미향 (김복동평화센터 대표, 전 국회의원)

들어가는 글

평생 그림 그리는 것을 업으로 살았다.

생계를 위한 그림도 그렸고, 그것과는 별개로 그리고 싶은 그림도 그렸다. 남을 위한 그림을 그린 것은 그리 오래되지 않았다. 다른 훌륭한 작가들의 멋진 작품을 볼 때마다 내가 그리는 결과물이 비교되는 것 같고, 사람들의 손가락질이 두려웠기 때문이다.

하지만 몇 번의 계기를 통해 SNS에 그림을 공유하게 되고, 조금씩 봐주는 사람이 늘어나면서 부정적인 생각의 대부분이 기우였다는 것을 알았다. 솔직히 작품 완성도에서 아직도 부끄러울 때가 있지만 좋아해주는 사람이 있고 공감을 표현하는 이들이 생기면서, 부족함을 채우려 노력함과 동시에 나만이 표현할 수 있는 내 그림의 장점을 찾는 노력을 병행하고 있다.

내 주위에는 격정적이고 직관적으로 사람들의 마음을 대변하는 작가도 있고, 얼굴에 인물의 감정을 실제보다 더 잘 드러나게 담아내는 작가도 있다. 묵직한 경종을 울리는 작품을 그리는 작가, 유머러스하고 재치 있게 현실을 풍자하는 작가도 있다. 그런 멋진 작가들 사이에서 내가 조금 더 어필할 수 있는 것이 무엇인지를 고민한다.

사람들은 말한다. 나의 작품은 따뜻하다고. 날카롭고 공격적이어야 더 많은 이들이 좋아하는 만평 세계에 딱 맞는 옷은 아니지만, 잔잔하므로 전해지는 것들도 적지 않다고. 그렇다. 이것이 내 그림의 무기라면 무기인 셈이다.

따뜻한 공감, 그리고 여운.

모두의 뇌리에 남을 역작이 되기를 바라지 않는다. 그저 보는 이들에게 작은 위로와 힐링이 되는 따뜻한 작품으로 기억에 남기를 희망한다. 이정헌이 그린 그림은 멋부리거나 있어 보이는 그림이 아닌 따뜻하다는 말이면 충분하기에 이렇게 엮는 만평 모음집의 제목을 '따툰'이라고 지었다.

난 따뜻한 그림 그리는 따뜻한 사람이 되고 싶다.

차례

추천사 조국(전 조국혁신당 대표) 005
추천사 윤미향(김복동평화센터 대표, 전 국회의원) 006

들어가는 글 008

제1장 희망을 붙잡는 마음 013
제2장 함께 걷는 마음 041
제3장 이겨내는 마음 087
제4장 기억하는 마음 169
제5장 떠나보내는 마음 215
제6장 빛나는 마음 263

정리하는 글 286

제1장
희망을 붙잡는 마음

Before & After

■ 2015년 08월 14일

지금으로부터 딱 10년 전, 한 만화가 단체의 사무국장이었던 나는 소속 작가들과 함께 〈일본군 위안부 만화 유럽展〉을 준비하고 참가하게 되었다. 전시의 취지를 제대로 이해하기 위해 사전에 '전쟁과 여성 인권 박물관'을 견학하였고, 그때 처음으로 윤미향 대표를 만났다.

박물관 견학을 통해 일본과의 관계에서는 우리가 피해자였지만, 다른 상황에서는 우리가 가해자인 경우도 있고, 전쟁 상황에서 가장 큰 피해자는 여성과 어린이 같은 약자라는 것도 알게 되었다. 아니, 정확하게 표현하자면 진작에 알고 있었지만 외면하고 있던 진실을 이제 직시한다는 것이 맞는 표현이다.

일본군 위안부로 힘든 시간을 겪었던 할머니들이 그 상처를 딛고 일어나 전 세계 전쟁 피해자의 상처를 보듬는 활동가로 각성하는 과정을 윤미향 대표를 통해 듣고, 내 그림이 미약하게라도 도움이 되길 바라며 전시에 참여할 작품을 완성했다.

1991년 8월 14일 일본군 위안부 피해자임을 최초로 증언한 김학순 할머니 기림일에 맞춰 유럽의 몇 개 국가를 돌며 전시와 공연을 이어가려던 처음 계획과는 달리 독일에서만 두 차례 전시와 공연으로 축소되어 아쉬웠지만, 내 그림이 누군가에게 힘이 될 수도 있음을 직접 경험한 시간이었다.

꽃신

■ 2019년 1월 28일

향년 92세의 나이로 김복동 할머니가 소천하셨다.

1992년에 일본군 '위안부' 피해자임을 밝힌 이후, 1993년 UN 인권위원회에 일본군 '위안부' 피해자로는 처음 피해 사실을 증언하였고, 인권 활동가로 전 세계를 돌며 전쟁 피해 여성의 권리를 위해 활발하게 활동하신 분.

잘못된 위안부 합의를 했던 대통령을 꾸짖고, 일본의 위정자들에게 목소리를 높여 사죄를 촉구하면서도, 일본의 조선인 학교 학생들을 위해 물심양면으로 지원하셨던 분.

국가가 직접 나서야 하고, 전 국민이 함께해야 함에도 외면하고 있던 활동을 평생토록 앞장서시며 활동의 상징이 된 분.

일면식도 없이 그저 멀리서 응원만 했던 처지였기에 할머니의 죽음 앞에 내가 할 수 있는 일이라고는 할머니의 모습을 최대한 고운 모습으로 남기는 것밖에 없었다. 그렇게 마음을 다해 그림을 완성했고, 마지막으로 가장 예쁜 꽃신을 신겨드렸다.

당시 아날로그에서 디지털 작업으로 전환되던 시기라 프로그램 운영 방법이 서툴러 고생이 이만저만이 아니었다. 그렇지만 진심으로 누가 되지 않기를 바라며 최선을 다해 작업했던 기억이 생생하다. 그렇기에 나의 작업물 중에 가장 잘 그린 그림은 아닐지라도, 가장 공들여 그린 그림을 뽑으라면 이 작품을 상위권으로 꼽게 된다.

태엽 감는 새

■ 2020년 6월 6일

동료이자 선배인 권동희 사진작가의 요청으로 돌아가신 손영미 소장이 빛나는 새를 안고 있는 이미지를 급하게 그렸다. 권 작가는 손 소장을 무라카미 하루키의 글을 빌려 깊은 숲에서 세상의 태엽을 감는 새로 표현했다. 앞에 나서서 실상을 알리고 목청을 높이는 활동가들과는 달리 쉼터에서 할머니들의 일상을 책임지는 것이 그의 역할이었다.

그저 자기가 맡은 역할을 충실히 이행하던 소장을 향해 어느 순간부터 감당하지 못할 스포트라이트가 쏟아졌다. 여러 언론사의 수 많은 기자들은 사진기와 조명을 집요하고 무자비하게 들이댔고 순식간에 손 소장을 파렴치한 범죄자로 둔갑시켰다. 그런 무자비한 마녀사냥이 평생 처음이었을 보통의 사람 손영미는 헤어 나오지 못할 압박감 속에 결국 세상을 떠나게 되었다.

이 억울한 죽음을 과연 누가 책임질 것인지, 참담하다.

아마도 당신들은 사과하지 않겠지요.
혹여 누가 물어도 자기들의 탓이 아니라고 하겠지요.
애도하는 대신에 남겨진 이의 클로즈업 사진을 찍었잖아요.
그리고 그 사진은 입맛에 맞는 기사에 쓸 거잖아요.
누가 상처를 받건 말건. 또 다른 희생이 생기건 말건.

그래서 당신들은 기레기라 불려도 할 말이 없어야 하고
당신들이 개혁의 대상이 되어야 하는 이유입니다.

당신들은

■ 2020년 6월 7일

　이렇게 쉴 새 없이 언론의 공격을 받는 것은 윤미향 의원이 비례대표로 국회에 입성한 이후부터다. 차근차근 들여다보면 말도 안 되는 내용인데도 수십, 수백 번을 반복하니 어느 순간 의혹은 진실로 둔갑한다. 대한민국에서 윤미향 의원은 세상에 다시 없을 악당이 되었고, 정의연은 사악한 단체가 되어버렸다. 억울함 속에 견디지 못한 이가 유명을 달리했다.

　소장님을 그렇게 떠나보냈음에도 언론은 멈추지 않는다. 전부를 몰살시키기 전에는 멈추지 않겠다는 광기의 십자군처럼 펜과 카메라를 앞세워 공세를 높여갔다. 자기들의 잘못이 아님을 증명하려면 대상을 악마화해야 하니 더욱 기를 쓰고 사진을 찍고 기사를 작성한다. 정말이지 미치지 않고서야 인간의 탈을 쓰고 이럴 수 있을까. 이들에게서 봉하마을 노무현 전 대통령의 일거수일투족을 감시했던 기자들이 겹쳐 보인다.

반성도 사죄도 하지 않는다.
변하지 않는다.
그들은 언젠가 철저하게 응징당해야 하고
개혁되어야 할 대상이다.

memory and keep

■ 2020년 7월 29일

조금씩 지워지고 잊히고 사라진다.
그럴수록 그렇게 두면 안 된다.
그들의 일생이, 그들의 노력이 소멸하게 두어서는 안 된다.
어떻게든 기억하고 무슨 수를 써서라도 기록해야 한다.
그것이 남겨진 우리의 몫이다.

고인이 되신 김복동 할머니와 손영미 소장님, 최선을 다하고 있지만 언론의 마녀사냥으로 힘들어하는 윤미향 의원, 그리고 평화의 소녀상까지. 이미 사라졌거나, 사라지고 있거나, 사라질 때까지 집중포화를 받는 것이 현실이다.

이런 현실에 저항하는 작가들이 있었고, 인연이 닿아 그들과 함께 전시하는 기회가 생겼다. 구성원의 대부분은 나보다 오래, 그리고 깊게 활동을 해온 선배님이었다. 의미 있는 전시에 작은 역할이라도 할 수 있어 감사하는 마음으로 함께했다.

사람이 죽었어요. 당신들의 거짓 기사 때문에.
물론 제대로 된 반성의 글은 보지 못했고요.

사람의 이야기를 마구잡이로 쓰기 전에
먼저 사람의 마음을 갖기 바랍니다.
정말 진정으로 바랍니다.

정정

■ 2020년 8월 2일

[정정보도 및 반론 보도]

'[단독] 하룻밤 3,300만 원 사용… 정의연의 수상한 '술값'' 관련

본 인터넷 신문은 지난 5월 11일 자에 '[단독] 하룻밤 3,300만 원 사용… 정의연의 수상한 '술값''이라는 제목의 기사를 보도했습니다. 그러나 정의기억연대는 하룻밤에 3,300만 원을 술값으로 사용한 사실이 없는 것으로 확인되어 이를 바로 잡습니다. 또한 정의기억연대는 '국세청 신고 시 2018년 모금사업비 총액의 대표 지급처 한 곳만 기재해서 오해가 발생한 것일 뿐이며 3,300만 원은 2018년 정의기억연대 모금사업비 지급처 140여 곳에 대한 지출 총액이다'라고 밝혔습니다.

이 보도는 언론중재위원회의 조정에 따른 것입니다.

정정(訂正)이란 잘못을 고쳐 바로잡는 것.

당신들의 잘못된 기사로 고귀한 한 생명이 세상을 떠났는데, 그저 기사 몇 줄로 대신하는 것은 말이 되지 않는다. 고쳐 바로잡아야 할 것은 기사 이전에 진심이다. 고인 앞에 진심으로 사죄의 마음을 갖는 것이 바로 진정한 정정(訂正)의 시작이다.

나비

■ 2023년 2월 10일

윤미향 의원의 1심 선고 공판이 있는 날, 태어나 처음으로 법정에 가서 재판의 진행 과정을 보았다. 검찰은 사기, 준사기, 업무상 횡령, 기부금품법 위반 혐의 등 여덟 개 혐의를 받는 윤 의원에게 징역 5년을 구형했지만, 사법부는 업무상 횡령 혐의 일부만 유죄로 인정했고 나머지는 모두 무죄로 판단했다. 검찰에서 주장한 횡령 액수는 1억 원이 넘었으나, 재판부가 인정한 것은 나비기금에 후원한 금액과 일부 증빙하지 못한 소액의 지출이 전부였다.

승리였지만, 상처뿐인 승리였고 억울한 승리였다.

게다가 검찰은 당연하다는 듯이 항소를 진행했다.

그럼에도 윤 의원은 재판장 앞을 가득 메운 언론 앞에서 당당하게 자신의 뜻을 밝혔다. 모난 돌이 정을 맞는다지만, 그렇게 삐져나오는 돌이 되어야만 할 수 있는 일이 있다. 기꺼이 정 맞을 각오로 일하는 사람이 바로 윤미향 의원이었다. 주눅 들지 않고 뜻을 밝히는 그 모습을 바로 옆에서 지켜보면서, 앞으로 오래도록 이 사람의 힘이 되고 싶다고 생각했다.

윤미향 의원이 길원옥 할머니와 돌아가신 손영미 소장과 함께 웃으며 걷는 모습을 응원의 마음을 담아 그렸다. 비록 당장의 삶은 고되더라도 웃을 일이 더 많아지길 바라며.

협박

■ 2023년 3월 6일

　윤석열 대통령은 총리 주례 회동에서 '제3자 변제'를 핵심으로 하는 '강제징용 배상 해법'을 발표하면서 이는 '미래지향적 한일 관계로 나아가기 위한 결단'이라고 말했다. 실제로 사죄와 보상을 해야 하는 일본의 전범 기업을 대신해서, 한일기본조약으로 청구권자금의 혜택을 받은 우리나라 기업들이 출연한 기금으로 별도의 재단을 만들고, 이를 통해 일제 강제노역 피해자들에게 배상금을 대납하는 방식이다.

　진행 과정에서 강제노역 피해 당사자들의 의사는 무시당했고, 피해자들의 편을 들어야 할 정부는 일본의 국익을 대변하는 것처럼 행동했다. 이 해법이 그대로 적용되면 가해자인 일본 정부와 전범 기업은 아무런 노력도 들이지 않고 면죄부를 받게 된다.

　이는 과거를 극복하는 것도 아니고, 양국의 관계를 발전시키는 것도 아닌, 굴욕외교의 허울 좋은 포장일 뿐인데, 왜 이렇게 졸속으로 급히 진행하는 것인지 이해가 되지 않는다.

어디에 숨겼습니까?

▪ 2023년 3월 15일

　소녀상의 이름은 쿠르드어로 새로운 삶을 뜻하는 '누진'.

　베를린 평화의 소녀상 사례처럼 전시 여성 성폭력 문제의 경각심을 일깨우기 위해 설치했지만, 대학 측은 학생의회의 민주적인 절차에 따라 의결된 소녀상 영구 존치 결정을 무시하고, 설치 허가 기간의 만료를 이유로 아무도 모르는 곳에 숨겨두었다.

　'누진'은 반일 감정을 조장한다는 이유로 일본 정부 측의 지속적인 철거 압력을 받았다. 극우 단체가 끊임없이 이메일을 보내며 학교의 업무를 방해했고, 압박에 굴복한 대학 측이 결국 소녀상을 철거했다고 한다. 상대가 이토록 집요하게 온갖 수를 쓰며 목적을 달성하는데, 왜 우리 정부는 평화의 소녀상을 지키는 시민의 뜻과 반대되는 행동을 하는 것인지 답답하고 화가 났다.

　코리아협의회를 비롯한 교포와 학생들이 최선을 다했음에도 원상복구는 요원했는데, 다행히 철거 2년여 만인 2025년 3월에 근처 민간 부지에 설치된다는 기쁜 소식이 들려왔다. 다시는 이런 황당한 실종사건 대신, 지역에서 오래도록 사랑받는 '누진'이 되길 바란다.

글로벌 호갱님

■ 2023년 4월 9일

독도가 자기네 땅이라고 우겨도 아무 말도 못 하는 정부.
반성도 보상도 안 하는 뻔뻔한 전범 기업에 입 꼭 다문 정부.
불법 도청을 당해도 제대로 대응도 하지 못하는 정부.

얼마 전까지만 해도 대한민국의 국민이라는 사실이 자랑스러워 '국뽕'이 차오르던 시절도 있었는데, 어느 순간 글로벌 '호갱'이 된 기분이다. 아니, 기분만이 아니라 실제로도 그렇게 되었다. 외교적인 손해가 더 큰데도 불구하고 중국과 북한에는 철벽을 치면서, 미국과 일본과의 관계에서는 굴욕적인 소식만 들려온다. 도대체 왜 이러지? 단지 대통령 하나 바뀌었을 뿐인데 이렇게 속절없는 추락이 가능하다고?

꿈이라면 좋겠지만 엄연한 현실이다. 이제는 나라 살림이 거덜 나서 속절없이 침몰하기 전에 어떻게든 정권이 교체되기를 바라는 수밖에 없다. 이 나라의 국민으로서 더 이상의 '호갱'님이 되는 건 사양한다.

not_again

■ 2024년 9월 8일

독일 미테구에 설치된 평화의 소녀상 '아리'도 철거 위기에 처했다. 2020년 설치된 이후 여러 차례의 존치 결의안이 채택되었지만, 미테구 구청장은 정해진 기한 내에 이전하지 않으면 강제로 철거하겠다는 입장을 밝혔다.

나름 평화롭던 국제 사회가 어느 순간부터 극단적이고 이기적으로 변하기 시작했다. 일본은 더 이상 발톱을 숨기지 않고, 독일 정부는 그런 일본의 손을 들어주는 모양새다. 과거로 돌아가 다시 참혹한 시간을 되풀이하지 않기 위해서는 우리가 최선을 다해야만 한다.

무죄입니다

■ 2024년 11월 14일

1심에서 무죄를 받았던 부분이 증거가 불충분함에도 2심에서는 유죄로 뒤집혔고, 대법원은 윤미향 의원에게 징역 1년 6개월에 집행유예 3년을 확정하였다. 인생의 절반을 쏟아부은 사명과도 같은 활동이 통째로 부정당했음에도, 윤미향 의원은 어떻게든 버티고 있다. 우리가 할 수 있는 것이라고는 지속적인 관심과 응원뿐인데, 작은 응원에도 힘이 난다니 그나마 다행이다. 아래는 대법원 최종 판결 이후 발표한 입장문의 일부다.

대법원 결정으로 지난 4년 동안의 노력에도 불구하고 '무죄'의 결과를 도출해 내지 못했지만, 오늘 이 자리를 통해 다시 한번 말씀드리고 싶습니다. 저와 제 동료는 무죄입니다. 저를 포함하여 정대협의 4-5명의 활동가는 열악한 근무 환경에도 불구하고 1인 몇 역을 감당하면서 활동했고, 그 과정에서 사익을 추구하거나 그 사익을 추구하기 위해 공모하지 않았습니다. 오로지 어떻게 하면 피해자들이 한 분이라도 더 살아 계실 때에 일본 정부에 피해자들이 바라는 사죄와 배상을 받아낼 수 있을까, 피해자들의 인권과 명예를 회복하고, 재발 방지를 위한 평화 시스템을 구축할 수 있을까, 그 일을 위해 공모했을 뿐이었습니다.

비록 대법원에서 무죄 판결을 받아내지 못했지만, 저는 담대하고 당당하게 피해자들의 죽음 앞에서 했던 약속을 지키기 위해 살아 나갈 것입니다. 오늘의 결과로 여전히 아프고 고통스럽지만 제 소명을 감당하며 살아가려고 합니다.

그곳에서

■ 2025년 2월 16일

일본군 위안부 피해자이자 인권운동가인 길원옥 할머니가 향년 97세로 별세하셨다. 이제 정부에 등록된 일본군 '위안부' 피해 생존자는 일곱 분. 시간은 우리 편이 아니라는 현실에 가슴이 먹먹할 뿐이다. 너무 무겁지도 외롭지도 슬프지도 않게, 할머니를 웃으며 보내드릴 수 있는 추모의 그림을 그리고 싶어 고민하다가, 먼저 하늘나라로 가신 김복동 할머니와 손영미 소장이 오랜만에 만난 길원옥 할머니를 반갑게 안아주는 모습을 상상했다.

'보자마자 서로 꽉 안아주며 그동안 어찌 지냈냐며 안부를 물으시겠지. 한참을 재잘재잘 그간의 이야기를 나누다가 또 웃고, 그러다 남아있는 우리 걱정도 하시겠지. 이쪽 생각은 접어두고, 매일 행복하시면 좋겠다.'

그저 상상 속의 표정이지만, 이 웃는 모습을 현실로 만드는 것이 남겨진 우리의 몫이 되었다. 일본의 진정성 있는 사과를 받아야 소소하게라도 위안이 될 텐데, 저들은 꿈쩍도 하지 않은 채 시간만 흘려보내며 피해자들이 모두 죽고 진실이 사라지기만을 바라는 것 같다. 결코 그렇게 잊히게 두어서는 안 된다. 내가 할 수 있는 일, 우리가 할 수 있는 일을 찾아보자.

그곳에서

■ 2025년 2월 16일

일본군 위안부 피해자이자 인권운동가인 길원옥 할머니가 향년 97세로 별세하셨다. 이제 정부에 등록된 일본군 '위안부' 피해 생존자는 일곱 분. 시간은 우리 편이 아니라는 현실에 가슴이 먹먹할 뿐이다. 너무 무겁지도 외롭지도 슬프지도 않게, 할머니를 웃으며 보내드릴 수 있는 추모의 그림을 그리고 싶어 고민하다가, 먼저 하늘나라로 가신 김복동 할머니와 손영미 소장이 오랜만에 만난 길원옥 할머니를 반갑게 안아주는 모습을 상상했다.

'보자마자 서로 꽉 안아주며 그동안 어찌 지냈냐며 안부를 물으시겠지. 한참을 재잘재잘 그간의 이야기를 나누다가 또 웃고, 그러다 남아있는 우리 걱정도 하시겠지. 이쪽 생각은 접어두고, 매일 행복하시면 좋겠다.'

그저 상상 속의 표정이지만, 이 웃는 모습을 현실로 만드는 것이 남겨진 우리의 몫이 되었다. 일본의 진정성 있는 사과를 받아야 소소하게라도 위안이 될 텐데, 저들은 꿈쩍도 하지 않은 채 시간만 흘려보내며 피해자들이 모두 죽고 진실이 사라지기만을 바라는 것 같다. 결코 그렇게 잊히게 두어서는 안 된다. 내가 할 수 있는 일, 우리가 할 수 있는 일을 찾아보자.

제2장
함께 걷는 마음

얼마나 무거운 걸음일지
온전히 알지는 못하지만
어떤 마음으로 걸을지는
이제 조금 알 것 같습니다.

많이 늦었지만 함께 걷겠습니다.

그 남자의 뒷모습

■ 2019년 9월 26일

그날의 나는 비겁했다.

동료 작가의 갓 성인이 된 자식이 세상을 등졌다는 소식을 듣고 슬퍼했고, 나 자신도 가족을 제대로 돌보지 못하고 있다는 자책과 함께 아버지의 역할과 책임을 고민하는 못난 아빠였다. 수많은 사람들이 촛불을 들고 서초동으로 모여들었지만, 나는 눈앞에 놓인 밀린 일을 하느라 자리를 뜰 수 없어서 현장을 중계하는 유튜브를 보며 마음이라도 보태는 것이 내가 할 수 있는 유일한 일이라고만 생각했다.

그런데 늦게라도 딸의 생일을 축하하기 위해 케이크를 사 들고 엘리베이터를 기다리는 그의 뒷모습을 보는 순간, 내 안의 감정이 폭발했다. 이 마음의 아림을 표현하지 않으면 안 된다는 것을 깨달았다. 단순히 사진과 똑같이 표현하고 싶지 않았다. 고개를 숙여 케이크를 쳐다보는 시선을 대신해서 당당하게 앞으로 걸어 나가는 모습으로 구도를 다시 잡아 완성했다.

이 작품은 많은 이들의 공감 속에 서초동 촛불의 상징 같은 작품이 되었다. 나라는 미완성 작가의 작품이 이만큼이나 큰 반응을 얻을 수 있다는 것에 놀랐고, 덕분에 꾸준히 만평을 그리는 작가로 성장하게 되었다.

출항준비

■ 2020년 1월 29일

검찰은 쉬지 않고 칼을 휘둘렀고, 언론은 끊임없이 물어뜯었다. 검찰은 기소권이라는 전가의 보도로 찌르고 또 찔렀으며, 대부분은 그 무시무시한 위력에 동조하거나 아니면 스스로 알아서 기었다. 검찰에 기소되었다는 명분으로 서울대학교는 법학전문대학원 교수였던 그에게 '직위해제' 처분을 내렸다. 언론은 그걸 받아서 말도 안 되는 기사를 쏟아내며 대중들에게 조국은 죄인이라는 인식을 심는다. 그렇게 악순환은 계속되고 저들은 자신들의 뜻대로 돌아간다고 좋아할 것이다.

그런데도 조국 전 장관은 서울대 총장의 결정을 담담히 수용하고, 그동안 미뤄두었던 글을 쓰며 다시 강의실에 서게 될 날을 준비하겠다고 했다.

"폭풍우가 몰아칠 때는
해진 그물을 묵묵히 꿰매며
출항(出港)을 준비하는 어부의 마음으로
하루하루를 살겠습니다."

긴 시간이 지났다. 그가 말한 대로 강의실에서 학생들 앞에 서는 그날은 오지 않았지만, 대신 그는 숙명이 이끄는 대로 정치라는 새롭고 험난한 길을 헤쳐 나가고 있다.

아직도 힘든 날이 계속되고 있습니다.
오늘은 아니더라도 언젠가는 반드시
가족이 함께 모여 웃으며 축하할 수 있기를
우리가 잊지 않고 그날까지 함께하겠습니다.

생일, 온 마음으로 축하드립니다.

가족

■ 2020년 4월 6일

생일이지만 가족은 모일 수 없었다. 아내는 백일 넘게 감옥에 갇힌 채 재판 중이고, 두 자녀는 언론과 뉴미디어의 스토커나 다름없는 집요한 공격을 받고 있었다. 평생 정도를 걷던 사람이 이런 생일을 맞이할 거라는 상상을 한 번이라도 했을까.

그래서 더 축하하고 싶었다.

희망을 잃지 말라는 마음을 전하고 싶었다.

지지하고 응원하는 이들이 훨씬 더 많다고 외치고 싶었다.

2023년에 동료 작가들과 함께 열었던 '시간, 산책 展'에 출품한 세 작품 중에 이 작품이 있었다. 여전히 정경심 교수가 감옥에 있었기 때문이었다. 아래는 전시회에 함께 보낸 작품 소개 글이다.

"지금은 많이 힘들어도, 시간이 조금 지나면 식탁에 모여 웃으며 이야기 나눌 수 있는 날이 올 거라 생각했습니다. 하지만 그 시간은 아직 오지 않았습니다."

간절한 바람이 통했는지, 전시를 마치는 2023년 9월 27일에 정 전 교수가 가석방으로 풀려났다. 아직 아무것도 끝난 것은 없지만 다행이라 생각하며 웃었다.

본인의 결백보다 언론의 공정함을 먼저 이야기하는 사람입니다.

언론인으로서의 최소한의 양심이라도 남아있다면
이 마지막 부탁을 외면하지 말아 주십시오.
국민의 한 사람으로 함께 부탁드립니다.

언론인 여러분께

■ 2020년 6월 5일

"언론인 여러분께 부탁 말씀드리고자 합니다. 이 사건 관련해 작년 하반기 이후 검찰의 일방적 주장이나 검찰이 흘린 첩보를 여과 없이 보도하는 경우가 많았습니다. 이제 재판이 열린 만큼 피고인 측의 목소리도 온전히 보도해 주시면 고맙겠습니다. 기계적 균형이라도 맞춰주십시오. 부탁드립니다."

조국 전 장관은 이날 법정에 출석하면서 언론에 기계적 균형이라도 맞춰달라고 간절히 호소했지만, 들어줄 언론이라면 그동안 그렇게 검찰의 충견 노릇을 했을 리가 없다는 것을 우리는 안다. 아마 이 입장문조차도 말꼬리를 잡아 물어뜯고, 이슈가 끝나기도 전에 또 다른 상처를 만들어 물어뜯기나 할 뿐, 제대로 된 반론이나 하다못해 기계적 중립조차도 찾아보기 힘들 것이다.

그전까지만 해도 검찰이 개혁의 과정을 걷게 되면 언론도 자연히 개혁될 것으로만 생각했는데, 그리 쉬운 일이 아니라는 것을 깨달았다. 사냥개나 다름없는 언론이 먼저 개혁되지 않으면 검찰개혁은 요원한 일이 될지도 모른다. 우리는 무조건 우리 편을 들어주는 언론이 아니라, 누구에게도 치우치지 않는 균형감으로 진실을 전하는 언론이 절실하게 필요하다.

족쇄

■ 2020년 8월 9일

"작년 하반기 저는 법무부 장관으로서 저와 제 가족에 대한 수사 과정에 어떠한 개입도 하지 않았습니다. 가족들 모두 '멸문지화(滅門之禍)'를 꾀하는 검찰 수사를 묵묵히 받았습니다. 유례없는 수사 행태에 항의하기 위하여 제가 헌법적 기본권인 묵비권을 행사했다고 이를 비난하는 지식인과 언론인이 등장하더군요.

저는 현재 진행 중인 재판에 성실하고 겸허히 임할 것입니다. 대법원판결까지 얼마나 걸릴지 모르지만 검찰의 공소사실에 대하여 사실과 법리에 기초하여 철저히 다투겠습니다.

지난 1년 동안 부족하고 흠결 있는 저를 위로, 격려, 응원해 주신 모든 분께 감사합니다. 덕분에 '무간지옥(無間地獄)'을 버틸 수 있었습니다. 검찰이 '피고인'이라는 족쇄를 채워 놓았지만 해야 하는 싸움은 하겠습니다."

당일 조국 전 장관이 SNS에 올린 글의 일부이다.

말도 안 되게 기울어진 운동장에서. SNS라는 나뭇가지 하나를 든 채로. 총과 칼을 들고 돌진하는 무자비한 자들과 싸움을 시작했다. 그 싸움은 아직까지도 이어지는 중이다. 외로운 전쟁터에서 포기하지 않고 여기까지 와준 조국 전 장관이 그저 고맙고 또 고마울 뿐이다.

서울중앙지검은 검찰총장 처의 주가조작 수사를 진행해주십시오.
대한민국 사법의 공정함에 대한 믿음을 잃지 않도록
국민의 한 사람으로 부탁드립니다.

수사촉구

■ 2020년 9월 5일

불공평

이 세 글자만 있으면 된다. 나머지는 사족일 뿐.
작금의 현실은 그만큼 말도 안 되는 상황이란 뜻이다.

한 가족은 언론과 검찰의 집중포화를 맞으며 힘겨운 싸움을 하고 있는데, 다른 한 가족은 주가 조작의 정황이 거의 확실해 보이는데도 이래저래 수사를 미루고 있다. 한쪽을 죽어라 공격하던 언론도 반대쪽 앞에서는 충성스러운 애완견이 된다. 이게 정말 말이 된다고? 죄를 지었다는 의심을 받으면 사실인지 확인한 다음, 절차에 맞춰 그에 합당한 벌을 받으면 된다. 그 과정 중에 누구에게는 지독하게 촘촘하고, 다른 누구에게는 한없이 관대하거나 하면 안 된다.

시간이 흘러 대통령의 부인이 된 김건희는 다양한 의혹의 주체로 주목받았지만, 제대로 된 수사와 재판, 처벌은 받은 적이 없다. 이와 관련하여 야당 의원들이 여러 차례 특별법을 발의했으나 그때마다 대통령은 번번이 법률안 거부권을 행사하고 있다. 말도 안 되게 소모적인 이 싸움은 과연 어떻게 끝이 날지.

혹시라도 이런 기자들이 이제는 없기를 진심으로 바랍니다.

언론인 여러분께 간곡히 부탁합니다 ▪ 2020년 9월 17일

그의 아내는 지병이 있고, 오랜 수감생활과 계속 이어진 증인 신문으로 심신이 피폐한 상황이었다. 재판 도중 탈진으로 입원하였다. 그런 아내의 안정을 위해 그는 고개를 숙이며 언론인에게 진심을 담아 부탁했다.

"부탁드립니다.
제발 이번에는 입원한 병원을 찾아 나서지 말아주십시오.
잠시라도 방해받지 않고 치료를 받게 해주십시오."

과연 언론이 그리했을까? 아니, 그랬으면 '기레기'라고 부를 리가 없지. 그들은 어떻게든 병원을 찾아내기 위해 사방팔방 수소문했고, 왜 병원에 갔는지, 지금은 어떤 상황인지 집요하게 캐물었으며, 진짜 최악은 입원이 재판을 피하기 위한 꾀병이 아니냐는 추측성 기사까지 쏟아냈다.
이것이 저들의 본능이자 본질임을 다시 한번 깨달았다.

마술검사

■ 2020년 10월 16일

　정경심 교수는 긴 시간 동안 재판을 받고, 결국 대법원에서 유죄로 인정되어 징역 4년의 형이 확정되었다. 유죄로 인정된 것 중에는 동양대 총장 명의의 표창장을 위조하여 입시에 이용한 것이 있는데, 증거로 인정된 것은 강사휴게실 공용 PC였다. 이 PC에 총장의 직인이 들어있고, 이것으로 표창장을 위조했다는 이야기다.

　정 교수는 이와 관련된 프로그램 사용이 미숙하고, 자녀 입시에 동양대 표창장이 필요하지 않았기 때문에 위조할 이유가 없다고 항변했다. 게다가 검찰은 표창장이 어떤 방식으로 위조되었는지 시연을 못 했는데도 유죄 판결이 나왔다. 그저 이러저러해서 어찌어찌 만들었다는 주장이 통했으리라 추측할 뿐이지만 과연 말이 된다고 생각하는가.

　마술사가 아니라 마술사 할애비가 와도 못해낼 일을
　검사들은 너무나 쉽게 해내고 있다.

　정말 신기하고
　너무 참혹하고
　진심으로 암담하다.

내 편다움 1

■ 2020년 12월 18일

과연 기자들에게 있어서 '내 편다움'이 무엇인지 묻고 싶다.

단언컨대 단 한 순간도 내 편 들어주기를 바라지 않았다.

그저 공정하기만을 바랐을 뿐인데도 돌아오는 것은 궤변뿐이다.

누구 편에도 선다고 말은 안 했지만, 누구의 편인지는 보이는 것 같습니다.

내 편다움 2

■ 2020년 12월 19일

당신들이 누구의 편에 선다고 말하지는 않았지만,
어느 편에 서 있는지는 기사만 봐도 훤히 보인다.
기울어진 운동장이라는 말도 아까운 당신들은 뒤집어진 운동장이다.

가시밭길

■ 2020년 12월 23일

정경심 교수는 1심에서 징역 4년을 선고받고 법정 구속되었다. 재판부는 "피고인은 단 한 번도 자신의 잘못을 인정하지 않았다"며 "입시 비리를 진술한 사람들이 정치적, 개인적 목적으로 허위 주장을 했다고 함으로써 법정에서 증언한 사람들을 비난하는 계기를 제공했다"고 지적했으며, "진실을 말하는 사람에게 정신적인 고통을 가했다"고 지적했다.

정말 무죄를 주장하는 것만으로 지적을 받아야 하나.

이제는 사법부조차 상식적인 판단을 바랄 수 없는 것인가.

분노와 절망이 쏟아졌지만. 나의 이런 감정은 당사자와 가족에 비하면 한 줌 먼지만큼도 안된다는 것을 잘 안다. 조국 전 장관은 1심 판결에 충격을 받고 즉각 항소해서 다투겠다는 글을 올렸다.

"제가 법무부 장관에 지명되면서
이런 시련은 어쩌면
피할 수 없는 운명이 되었나 봅니다.
더 가시밭길을 걸어야 할 모양입니다."

너무 덤덤해서 더 마음이 아팠다.
그리고 그런 가시밭길을 걷게 해서 정말 미안했다.

누구는

■ 2021년 1월 9일

누구는

운전기사와 함께 순댓국을 먹는 영상이 화제라는 기사가 쏟아진다. 술 잘 마시는 것이 남자답다며 칭송한다. 언론과 방송들은 그에게서 형광등 백 개의 아우라가 느껴지나 보다.

또 다른 누구는

SNS의 프로필 사진만 바꿔도 공격하고, 공유하는 글마다 꼬투리를 잡아 기사화한다. 어떻게든 트집을 잡아 공론화하고 기사화하여 악의적으로 비치게 만든다. 숨만 쉬어도 그는 나쁜 사람이 된다.

그걸 하는 게 언론이다.
나는 더 이상 언론이 공정하다는 말을 믿지 않는다.

참 쉽다

■ 2021년 3월 26일

모 시장 후보 부인은 보유한 땅이 보금자리 주택지구로 지정되면서 실제 보상으로는 공시지가의 7배에 달하는 36억 5천만 원을 받았다.

모 광역시의 한 초고층 빌딩 앞에 설치된 18억 원의 조형물과 28억 원 상당의 공공미술품 등을 납품한 회사는 해당 지역 시장 후보 부인의 사촌이 대표이고 부인의 아들이 이사를 맡고 있다.

전 검찰총장의 장모는 아산신도시 땅 투기로 대한주택공사와 한국도로공사로부터 총 132억여 원의 토지보상금을 받아 102억 원의 차익을 얻었다.

이에 대해서는 분노도 질책도 없다.
모두 '공정'하고 '합법적'으로 처리된 것이라고 믿어준다.
참 쉽다.

뭘 걱정하고 그래?

■ 2021년 4월 12일

　저들이 조국 전 장관을 공격하는 것은 자신들의 악행을 비추는 거울 같은 존재라 어떻게든 깨부수지 않으면 안 돼서다. 억지로 이해하려고 하면 가능한 부분인데, 희한하게도 이쪽 사람들조차 조국 전 장관을 공격한다.

　처음엔 '도대체 왜?'라는 생각이 들었지만, 감정을 빼고 생각하니 그것도 금방 이해가 된다. 그것이 자기들에게 이득이 되고, 본인에게 날아올 화살이 조국을 향하는 것을 아니까 동료였던 사람에게 적의 언어를 쓰는 것이다.

"조국 사태, 국민 눈높이에서 판단했어야"
"기득권 못 버려… 조국 문젠 짚고 넘어가야"
"조국 부끄러워해야… 생사람 때려잡은 것 아냐"
"이대로 가면 죽는다. 조국 사태 자성론"
"조국 한 사람 지키려 온 국민 갈등 내몰아"

　만평 한 장 그려 올린다고 남 탓하던 사람이 부끄러움을 깨닫거나 미안하다고 사과하지 않을 것을 알지만, 당신들의 비겁함은 기억해야 하기에 이렇게 기록으로 남긴다.

조국의 시간은

■ 2021년 6월 9일

『조국의 시간』이 출간되고 한 달이 지났다.

출간 소식을 듣고 당연히 잘될 거라는 예상은 했지만, 솔직히 이렇게까지 돌풍이 될 거라고는 생각 못 했다. 공식 출간 하루 만에 10만 부를 돌파했고, 온라인이든 오프라인이든 책을 구할 수 없어서 소동 아닌 소동이 벌어지기도 했다.

이것은 국민의 마음이다.
당신과 당신의 가족이 겪은 고난에 대한 미안함.
그리고 앞으로도 계속 함께하겠다는 응원의 마음.

정치권은 여야를 막론하고 이 민의를 제대로 알 리가 없다.

자기들에게 유리한 것이 무엇인지 주판알을 굴리며 해법을 찾지만, 민심은 숫자놀음으로 헤아릴 수 있는 것이 아니기에 그들이 알 수 있는 것은 아무것도 없다. 어떻게든 이 이슈를 이용하고 싶겠지만, 이 책은 '정치'가 아닌 '기록'이고, '책략'이 아닌 '토로'이기 때문에. 그들은 아무것도 할 수 없다.

한 사람이 지고 가기에는 너무 무거운 짐이고 험한 길입니다.
필요할 때 말씀하세요. 우리가 함께하겠습니다.
신발 끈 질끈 묶고 언제라도 달려갈 준비 하고 있겠습니다.

무거운 길

■ 2021년 6월 24일

법무부 장관을 허락하는 순간부터 검찰개혁은 필수과제였고, 실제로 개혁이 시작되자 상상하기 힘든 고난이 시작되었다. 사퇴 후라고 달라진 것은 없다. 보이려는 듯이 더욱 거센 공격을 받았고, 그는 위태로워 보였지만 잘 버티며 앞으로 나아갔다. 그럴수록 개혁의 대상은 점점 명확해졌다.

그 과정에서 사람들은 목격했다.
검찰만의 문제가 아니라는 사실을.
시키는 대로 물어뜯는 충견이나 다름없는 언론 역시 대한민국을 망친 공범이었고, 반드시 개혁해야 하는 대상이라는 것을 모두가 알게 되었다.

무거운 길이다.
그 길은 혼자 갈 수도 없고, 혼자 가게 두어서도 안 된다.
함께 걷자. 그래야만 나아가지는 길이다.
걷다 보면 언젠가 끝에 다다를 테니,
그때 함께 웃자.

2심

■ 2021년 7월 12일

비슷한 시기에 진행된 두 개의 2심 재판은 누가 봐도 의아했을 것이다. 죄를 지었으면 벌을 받는 것이 당연하고, 결과만이 아닌 과정도 공정해야 맞는데, 한쪽은 온 가족이 숨도 못 쉴 정도로 압수수색을 하고 언론에 오르내리게 하면서, 다른 한쪽은 이렇게 흐지부지해도 되나? 한쪽 편만 들어서 하는 말이 아닌, 공정에 대한 이야기. 조국 일가에게 했던 수사만큼 장모와 가족에게도 똑같이 하고, 조국 일가의 기준으로 벌을 내려야 그것이 당신들이 말하는 공정 아닌가.

아래는 조국 전 장관이 배우고 가르쳤고 믿는다고 한 법 원칙이다.

대법원 2011. 5. 13. 선고 2010도16628 판결

"검사의 공소사실과 이를 뒷받침하는 증거들에서 보이는 여러 불일치, 모순, 의문에는 애써 눈감으면서, 오히려 피고인의 주장과 증거에는 불신의 전제에서 현미경의 잣대를 들이대며 엄격한 증명을 요구하는 것은 형사법원이 취할 태도가 아니다. 형사재판을 담당하는 법원은 심리 과정에서 선입견 없는 태도로 검사와 피고인 양편의 주장을 경청하고 증거를 조사하여야 하며, 그 결과를 바탕으로 헌법상 요구되는 형사재판의 원리인 무죄추정의 원칙에 따라 유, 무죄를 판단하여야 한다."

한 가족을 끝없이 난도질하는 것은
단지 그들을 반대하는 사람들이 아니라
적폐로 대변되는 거대한 욕망의 짐승입니다.

저들이 쓰러지면 다음은 우리 모두의 차례입니다.
저는 저 가족을 지키기 위해 힘을 보태겠습니다.

처음 약속했던 것처럼 마지막까지 함께하겠습니다.

가족을

■ 2021년 8월 24일

"한 가족을 끝없이 난도질하는 것은 단지 그들을 반대하는 사람들이 아니라 적폐로 대변되는 거대한 욕망의 짐승입니다. 저들이 쓰러지면 다음은 우리 모두의 차례입니다. 저는 저 가족을 지키기 위해 힘을 보태겠습니다. 처음 약속했던 것처럼 마지막까지 함께하겠습니다."

한 가족의 평생을 부정하며 어떻게든 죄인들로 만들려는 무리가 있다. 그 거대한 짐승 앞에서 주눅이 들 만도 하지만, 일가는 서로의 의지가 되어주며 당당하게 앞으로 나아가고 있다. 그 가족을 응원하는 마음을 오롯이 담아 그린 작품이다.

여담이지만 이후 윤미향 전 의원은 내가 올린 만평 중에 이 작품이 제일 와닿았다고 말해주었다. 왜 그런지 잘 안다. 윤 전 의원의 가족 역시 다르지 않은 길을 걸어왔으니.

힘든 길을 걷는 가족들에게 힘이 되고 싶다.
언젠가는 이 어둡고 컴컴한 길이 아닌, 밝고 예쁜 꽃길을 함께 걷는 날이 꼭 왔으면 좋겠다.

**법원은 대학 탓
대학은 법원 탓**

비겁한 변명

■ 2021년 8월 24일

무슨 코미디도 아니고.
대학은 법원에서 다투고 있으니 제재를 가한다고 하고,
법원은 대학이 그리 결정했으니 이를 판결에 적용한다.
서로의 꼬리를 게걸스럽게 먹는 욕망의 뱀이 떠올랐다.

그는 이미

■ 2021년 9월 13일

그는 이미 누구보다 단단하지만

더 이상 어떠한 공격에도 상처 하나 없을 만큼

그동안 당했던 것을 한 번에 돌려줄 수 있을 만큼

충분히 강해졌으면 좋겠다.

그리고 웃을 일도 더 많아졌으면 좋겠다.

"진학을 위해 쓴것도
아닌데 무슨 문제냐"

김건희 윤석열 국민의힘 대선 후보 부인

당신 남편이 한 가족에게 자행한 행위를
단 한 번이라도 깊게 생각해본 사람이라면
감히 꺼내지 못했을 말입니다.

무슨 문제냐

■ 2021년 12월 14일

"수상 경력을 학교 진학을 위해 쓴 것도 아닌데 무슨 문제냐"

"공무원, 공인도 아니고
당시엔 대통령 후보와 결혼한 상태도 아니었는데
이렇게까지 검증을 받아야 하느냐"

"돋보이려고 한 욕심"

"그것도 죄라면 죄"

남편이 대통령이 되니 이런 경력 논란은 어느 순간 쏙 들어갔다. 어떤 이유에서인지 논문의 표절 여부는 3년이 지나도록 발표하지 않다가 대통령이 탄핵당한 최근에서야 표절로 (사실상) 확정되었다. 망가지고 있는 대한민국에서 이것저것 문제 아닌 것이 없지만, 진짜 문제는 무엇이 문제였는지도 모르는 것이 가장 큰 문제가 아닐지 싶다.

조국2022

■ 2022년 12월 6일

1년이면 끝날 줄 알았다.
2년이면 응징할 줄 알았다.
3년이면 재기할 줄 알았다.
하지만 저 가족은 아직도 검찰과 언론에 둘러싸여 있고
칼끝과 펜끝은 계속 이쪽만을 향해 날을 세운다.
왜 저들은 이다지도 집요하고 파렴치할까.

정경심 교수가 재입감되었지만
우리가 당장 할 수 있는 것이 없음에 마음이 아프다.
저들의 후안무치에 분노한다.
그럼에도 불구하고 묵묵히 견디며 가는 사람보다
우리가 먼저 포기할 수는 없지 않은가?

언젠가 당당하게 우리에게 다시 돌아올 날까지
지치지 않고 응원하며 기다린다.

귀환

■ 2024년 4월 10일

당당하고 단호한 모습으로 그가 돌아왔다.

열두 척의 쇄빙선, 믿고 기다린 수많은 지지자와 함께.

그를 정적이라고 여기는 자들은 어떻게든 무너트리기 위해 계속 궁지로 몰았지만, 계속 몰리고 몰리다 찾은 유일한 길이 바로 정치였고, 가능 여부를 반신반의하던 사람들에게 보란 듯이 유의미한 성과를 내며 그의 귀환을 알렸다. 오늘의 성공적인 귀환이 끝이 아니라는 것을 그도 우리도 너무나 잘 안다. 그가 갈 길은 이 나라의 국민으로서 가고 싶은 우리의 길이기도 하니까.

검찰이 무소불위의 폭력을 행사하지 못하는 나라.

언론이 권력의 시녀가 아닌 진짜 언론의 역할을 하는 나라.

법이 누구에게라도 공정하게 적용되는 나라.

처음에는 정치인 이전에 가장이자 아버지였던 그를 응원했었지만, 지금은 정치인이 된 그를 온전히 응원한다. 덕분에 만평을 그리기 시작했고, 덕분에 뜨거웠고, 덕분에 희망을 꿈꾸게 되었으니까.

그 길은 혼자서는 힘들다는 것을 그도 우리도 알고 있으니, 지금까지 했던 것처럼 앞으로도 촛불의 일원으로 함께 걷고 싶다.

그동안 우리는

■ 2024년 12월 16일

    함께 한 시간이 길지 않았어도 그간 많은 것을 이루면서, 그저 구호일 뿐이라고 생각했던 '3년은 너무 길다'를 현실로 만드는 중이다. 보통의 사람이라면 앞으로 나가고 있는 현실에 우쭐하거나, 납득하기 힘든 재판 결과에 힘들어할 만한데도, 일희일비하지 않고 묵묵하게 때로는 강인하게 가야 할 길을 향해 걸어가는 이가 바로 그다.

    그런 그를 또다시 떠나보내야 하는 현실.
    하지만 슬퍼할 틈은 없다.
    떨어져 있는 기간 동안 더욱 성장해서 돌아올 것을 알고 있으니.

    그동안 우리도 당신이 실망하지 않을 만큼
    조금 더 괜찮은 민주 시민이 되어 기다릴 테니
    부디 몸 건강히 다녀오시라.

제3장

이겨내는 마음

검찰총장님께 보내는 그림편지 ▪ 2019년 10월 18일

　이제 와서 말하기엔 많이 늦었지만, 당시 나는 그에게서 이상하리만치 거부감을 느꼈다. 언론이며 유튜브 등 사방에서 아무리 칭찬 일색이어도 권위적인 말투와 어설픈 행동에 쉽사리 마음을 내주기 힘들었다.

　그는 권력에 가까워질수록 이상해졌다.

　검찰총장 자격으로 국정감사에 출석해서 '어느 정부가 중립을 보장했냐'는 질문에 "이명박 정부 때 상당히 쿨하게 처리했던 기억이 난다"는 답변을 했다. 그 순간 사람이라는 정말 위험한 것을 알았다.

　그렇게 말하면 안 된다고, 걱정과 우려의 마음을 담아 그림을 그렸다.

　이후로도 그는 승승장구했고 몇 번의 위기가 있었으나 그 위기를 뛰어넘어 대한민국의 제20대 대통령이 되었다. 그리고 이 나라의 국민은 MB 시절을 뛰어넘는 지옥과도 같은 시절을 보내는 중이다. 과연 훗날 누군가 이 지옥 같은 시절을 회상하며 쿨하다고 할 수 있을까?

우리는 이런 자들과 싸우고 있다 ▪ 2019년 10월 25일

존중도, 배려도, 부끄러움도 모른 채, 살아남으려는 본능과 이기심과 탐욕으로 가득 찬 그들과 대등하게 싸우려면 그들처럼 되어야 하는데, 우리는 인간이기에 그럴 수가 없다.

인간의 존엄성을 잊지 않은 채 인간의 방법으로, 인간답게 싸워야만 한다. 누군가 앞장서고, 그래서 누군가 쓰러지고, 그러다 누군가 피를 흘리면서도 버티는 것은, 내 가족과 친구와 이웃을 위해 절대 포기할 수 없는 싸움이기 때문이다.

저널리스트

■ 2020년 5월 4일

저널리스트 : 저널리즘에 종사하는 사람

저널리즘 : 뉴스를 취재하여 대중에게 보도하는 행위

   가짜뉴스, 엉터리 기사를 쓰면서 그래도 예전 기자들은 부끄러움을 느꼈던 것 같은데 이제는 너도나도 쉼 없이 쏟아낸다. 자기 이름으로 쓴 기사조차 뻔뻔하게 확인되지 않은 내용이 가득하다. 아니면 말고 식의 기사를 쓰는 사람들을 과연 저널리스트라고 부를 수 있을까? 본인들은 자신을 저널리스트라고 생각할까?

   만평을 그리면서 '우리 곁에는 기자다운 기자가 더 많을 거라고, 아직은 믿고 싶고, 믿고 있습니다. 부디 제 믿음이 틀리지 않기를 바랍니다.'라는 첨언의 글을 같이 올렸지만 그건 사실이 아니었다.
   기자다운 기자는 눈 씻고 찾아봐도 없고, 가짜뉴스나 생산하는 월급쟁이들로 가득하다고 생각하고 있었으니까. 하지만 무슨 상관일까. 가짜뉴스 천지인 세상에 가짜 속마음 좀 드러내면 어때서.
   나도 당신들처럼 '아니면 말고요.'라고 할 거니까.

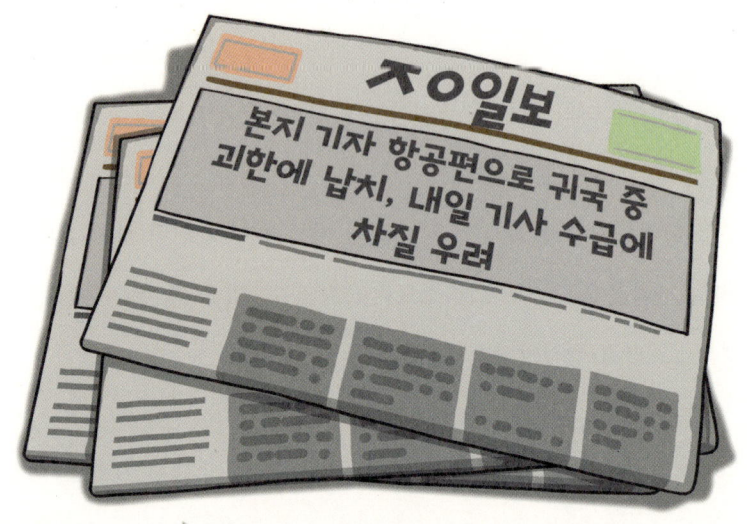

만약에 이렇게 기사가 나가면 기분이 어떨 것 같으세요?
사람이 위급한 상황이면 살릴 방법을 먼저 찾아야 하고
사람이 사고로 사망했으면 먼저 명복을 빌어야지요.

기자님들, 아무리 기사가 중요해도 사람이 먼저입니다.
아무쪼록 사람이기를 포기하지는 말아주세요.

사람이 먼저입니다

■ 2020년 6월 12일

'모 자동차 제조사의 협력업체서 근로자 사망,
인기 SUV 차량 생산 차질 우려'

우리나라에서 가장 유명한 일간지 기사의 제목이었다.

사람이 죽었는데 회사 걱정, 자동차 걱정이 먼저라니… 이건 해당 언론사의 수준을 나타내는 것이라 그 말도 안 되는 타이틀을 비틀어 만평을 그렸다.

기자인 당신들에게 불행한 사고가 일어나도 비인간적인 제목을 달아 기사를 쓸 수 있나. 하나하나 알려줘야 자신들의 잘못을 알까. 아니, 이렇게까지 해도 무엇을 잘못했는지 모르겠지.

분노를 담아 그린 만평 덕분에 『오마이뉴스』의 '에디터스 초이스'에 선정되었다. 그나마 나의 분노에 공감하는 사람이 있다는 사실에 작은 위로가 된다.

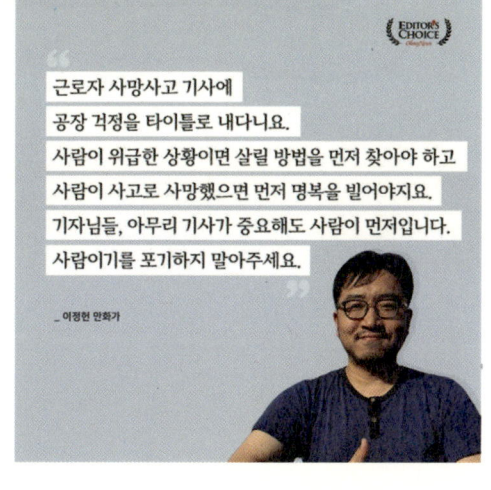

가짜뉴스버거

■ 2020년 8월 24일

먹음직스러운 햄버거, 언뜻 보기엔 그럴듯하다. 하지만 성분을 자세히 보니 먹을 수가 없다. 사람이 먹을 햄버거는 해롭지 않은 재료들로 만들어야 하는 것처럼 사람들이 보고 듣는 뉴스는 진실이 기반이 되어야 하는데 현실의 뉴스가 과연 그럴까?

약간의 사실이 들어있는 가짜뉴스와 추측성 보도가 넘쳐난다. 그 약간의 사실조차 점점 비율이 줄어들어 망상과 상상만 가득한 쓰레기 같은 기사도 이제는 어렵지 않게 볼 수 있다.

절망스러울 법한데 조국 전 장관은 멈추지 않고 싸웠다. 본인의 입장을 명확히 밝히면서 가짜뉴스에 있는 그대로 반박했고, 진실을 알리는 자료들을 꾸준히 공유했다. 언론은 반론은 무시한 채 그와 가족을 공격했다. 말도 안 되는 이들의 주장을 기사화하고 검찰이 흘리는 것을 그저 성은을 얻은 것처럼 받아썼다.

먹지 못하는 재료로 만들어진 햄버거는 버려야 하는 것처럼 제대로 된 취재 없이 가짜뉴스나 생산하는 비겁한 언론을 정리해야 그나마 이 나라에 일말의 희망이라도 생기지 않을까.

"요컨대 완전한 허위 사실 보도만큼 해악을 끼치는 보도는 부분적 사실을 알리며 악의적 의견과 추측을 섞는 보도입니다." –조국

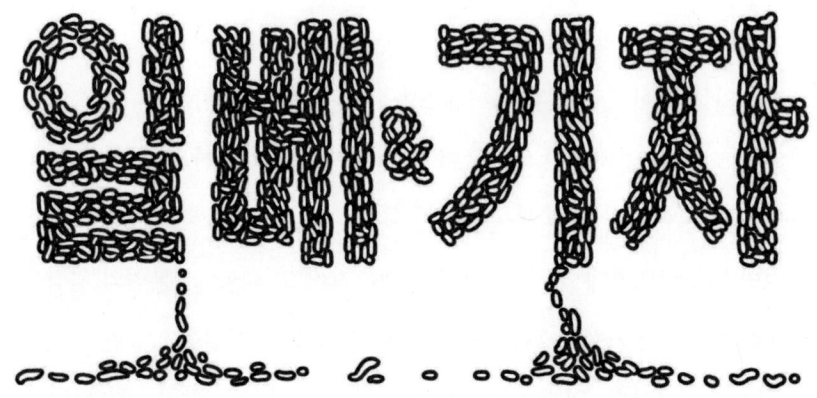

뭉치면 뭐든 해도 괜찮다고
그렇게 생각하는 벌레들이
점점 늘어나는 것 같습니다.

뭉치면

■ 2020년 9월 16일

이른바 '일베'라고 불리는 사람을 처음 마주한 것은 세월호 참사 유가족이 단식농성을 하는 광화문 광장이었다. 모니터 뒤에 숨어서 자유로 포장된 혐오의 글을 쓰던 인간들이 뭉친 것이다. 그들은 부끄러움을 망각한 채 머릿수가 완장이 되어 당당하고 무모하게 세월호 유가족의 앞에 섰다. 유가족을 비웃으며 피자를 먹는 '폭식 투쟁'을 하는 그 생명체들의 웃는 눈에서 표현하기 힘든 광기가 느껴졌고, 나름의 성공을 체험한 이들은 이후에도 보이지 않는 어딘가에서 왕성하게 활동하고 있다.

그런 일베와 비슷한 것이 요즘 '기레기'라고 불리는 기자가 아닐까. 그들도 학창 시절에는 진실을 전하는 저널리스트를 꿈꿨을 텐데, 어쩌다 보니 가짜뉴스, 혹은 추측성 기사를 쓰고 있다. 남들처럼 가짜로 쓰고, 받아서 쓰다가, 누군가 그런 행동을 지적하면 다른 기자들과 함께 그 대상을 공격하는 기사를 쓰면 된다. 부끄러움 따위는 이미 다 잊었다.

하지만 뭉치면 뭐든 면죄부를 받을 거라는 생각은 착각이다. 두 눈 부릅뜨고 지켜보면서, 아무리 더디더라도 당신들의 악행을 벌하겠다는 국민들이 있다. 당신들이 뭉쳐있는 것보다 수백, 수천 배 많은 국민이 뭉쳐있음을 절대 잊지 말아라.

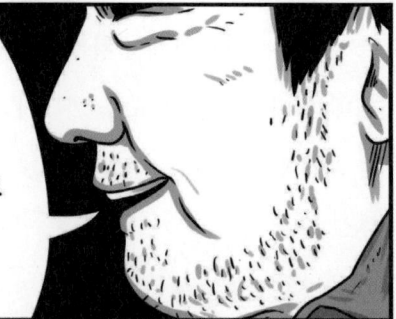

시대가 아무리 변해도 변하지 않는 것이 있습니다.
그래도 이젠 뿌리 뽑을 때가 되었습니다.

변하지 않는 것

- 2020년 10월 17일

악의 계보.

이전에도 있었고

그때에도 있었으며

지금도 어딘가 있고

앞으로도 계속 이어질

변하지 않는 것들이다.

목숨을 잃고 싶지 않으면

그들이 원하는 것을 말해야만 했다.

많은 이들이 어쩔 수 없이 불었지만,

일부는 끝까지 입을 열지 않았다.

입을 열지 않은 일부는 용감했지만

불행하고 힘든 삶을 살았다.

세상이 좋은 쪽으로 변할 수 있었던 것은

언제나 그 일부의 용감한 사람들 덕분이었다.

이제는 그 변하지 않는 것들을

뿌리 뽑아야만 한다.

당신은 계속 그렇게 검을 휘두르세요.
우리는 계속 촛불을 들 겁니다.
검은 쓰면 쓸수록 무뎌지지만
촛불은 모일수록 더 밝아질 거니까요.

포기하지 않겠습니다.
마지막의 마지막까지 마음을 보탤 겁니다.
그렇게 우리는 당신을
정정당당하게 이길 겁니다.

검찰개혁

■ 2020년 12월 4일

조금씩 지쳐간다.

하루하루가 힘겹다.

입에서는 한숨만 새어 나온다.

머리로는 견뎌야 이기는 걸 아는데

슬픈 소식, 아픈 소식만 들리고

포기하는 이와 배신하는 자가 늘어난다.

수사권과 기소권이라는 합법적 폭력 앞에

동지들이 우수수 무너지고 있다.

내가 힘들 때마다 되새기는 말.

'동트기 전이 가장 어둡다.'

기다리는 것이 힘들다는 것을 누구보다 잘 알고

개혁의 대상은 난폭하지만, 우리는 정정당당하니까

조금만 더 버티고, 조금만 더 견디면

마지막에는 우리가 이길 것을 확신한다.

우리가 이긴다!

시국선언

■ 2020년 12월 6일

잠잠히 고요하게 지내야 할 사제와 수도자들이 나선 것은 숱한 희생과 헌신 끝에 이룩한 우리 민주주의가 또다시 갈림길에 섰기 때문입니다. 이 순간 많은 이들이 '검/찰/개/혁'이라는 네 글자에 주목하고 있습니다.

사람들의 생존과 명운을 쥐락펴락해 온 검찰의 진로가 어느 쪽을 향하느냐에 따라 삶이 달라질 것이기 때문이며, 지금이 아니면 문제의 검찰개혁이 영영 어려울 것이라는 위기의식 때문일 것입니다.

한편, 오랜 세월 반칙과 특권에 기대어 살아온 집단의 기득권 수호를 위한 반격 또한 만만치 않습니다. 바야흐로 대한민국이 나아가야 할 바를 두고 옛길과 새 길이 충돌하는 양상입니다. 예수님의 성탄을 고대하는 우리는 "주님의 길을 마련하여라. 그분의 길을 곧게 내어라."(마르 1,3)는 목소리를 듣고 있습니다. 옛길의 자취를 무시하지 않되 부디 새로운 길이 열리기를 바랍니다. 부디 가난하고 겸손한 이들이 기뻐하고, 공동선을 위해 사랑과 봉헌의 삶을 살아온 이들이 춤추게 되기를 바랍니다.

대림 제2주일에 나온 천주교 사제, 수도자의 시국 선언문 도입부다.

대림(待臨)은 '임하심을 기다린다'는 뜻으로, 가톨릭에서는 성탄절 직전의 4주가 대림 기간이다. 그 기다림의 시간에 성직자들이 함께 외치는 소리는 시민들이 지쳐 쓰러지지 않는 버팀목이 된다. 세상을 바꾸는 것은 모든 시민의 몫이지만, 사회의 다양한 구성원들의 목소리도 큰 힘이 된다.

ㄱㄹㄱ

■ 2020년 12월 17일

추운 날 뭐 하러 취재하느라 힘 빼고 그래?
대충 비슷한 사진 가져와서 정부 공격하는 기사 쓰면 되고
청개구리처럼 정부 시책 반대하는 기사 쓰면 되고
온라인 커뮤니티에서 쟁점이 되는 글 가져다 쓰면 되는데.

조국 전 장관 SNS에 올리는 글 공격 기사 쓰면 되고
우리 말 잘 듣는 자칭 논객 SNS 글에 조금 추가해서 쓰면 되고
상상해서 쓰면 되고 희망 회로 돌려서 쓰면 되고 받아쓰면 되는데.

아, 받아쓰기는 오해야. 누구 편이 아닌 옳고 그름이 중요해. (뻥!)

카르텔, 근원

■ 2020년 12월 23일

각자 다른 곳에 서 있는 것 같지만, 땅을 조금만 파보면 촘촘하게 얽혀 있는 그들의 뿌리가 드러난다. 그것이 목숨 걸고 서로를 지켜주는 이유다. 이제 이 카르텔을 뿌리 뽑아야 할 순간이 왔다.

　이 카르텔은 일본의 식민 통치가 끝난 후 반민족 행위자를 청산하지 못했기 때문에 더욱 견고해졌다. 그들은 살아남는 방법을 찾았고, 남들 위에 군림하는 방법을 터득하면서 그렇게 적폐가 되었다.

의연하고 단호하게

■ 2021년 1월 4일

"재판 독립을 침해하는 부당한 외부의 공격에 대해서는
의연하고 단호하게 대처해 나갈 것"

정경심 교수에게 징역 4년을 선고한 1심 재판부 탄핵을 요구하는 청와대 국민 청원이 44만 명을 돌파하자 대법원장은 위와 같이 말했다. 말문이 막혔다. 사법부가 정말 공정한 판단을 했다면 이렇게 민심이 요동칠 수 있을까. 국민들이 보기에 해도 너무하니 국민 청원이라는 합법적인 방법을 사용하는 것인데, 그들은 그것조차 법관에 대한 공격이라고 생각하는 듯하다.

그런 이들이 왜 재판부와 판사의 정보 문건을 작성하는, 이른바 '판사 사찰'에는 침묵하고 있는가. 법관에 대한 부당한 공격이란 바로 이런 것일 텐데, 내가 뭔가 잘못 알고 있나?

의연은 '의지가 굳세어서 끄떡없다'는 뜻이고, 단호는 '매우 과단성 있고 엄하다'는 뜻이다. 사찰을 당해도 의연하게 모른 척하고, 국민들의 목소리에는 단호하게 대처하는 못난 사법부가 아니길 바랄 뿐이다.

일하는 건 좋지만, 부끄럽지 않은 일을 해야 하지 않겠습니까?

1합시다

■ 2021년 1월 12일

　국민의힘은 TBS의 '100만 구독 캠페인 #1합시다' 캠페인이 사전선거운동 위반이라며 선거관리위원회에 고발한다고 했다. '기호 1번인 더불어민주당에 투표하라'는 홍보 메시지라는 주장에 '시민들이 구독 +1을 해주면 더 일을 잘할 수 있다'는 뜻의 구독 독려 캠페인일 뿐이라고 반박했지만, 캠패인은 얼마 지나지 않아 종료되었다.

　이젠 너무 어이가 없어서 웃음도 안 나온다.
　왜 이런 웃지도 못할 일을 하는 걸까.

　간단하게 생각해 보면 조금이라도 상대에게 이득이 되는 것을 못 하게 하겠다는 뜻이 있을 것이고, TBS만이 아니라 다른 언론들도 알아서 눈치껏 잘하라는 경고도 있을 것이다.
　자기들을 사찰하는 이들 앞에 아무 말 못 하는 사법부처럼 본인들을 협박하는 이들에게 벌벌 떨고 있는 언론사들. 조국 전 장관과 그의 가족을 공격하는 것 절반의 노력만 보여주었으면, 저들이 저렇게 안하무인으로 행동하지는 못했을 거다.

어메이징 코리아

■ 2021년 2월 18일

'어메이징' vs '어, 왜 안 망하징?'

외국인의 시선에 대한민국은 전 세계적으로 유명한 아티스트가 있고, 아카데미 시상식에서 4관왕을 받을 정도의 영화를 만드는 문화 강국이면서, 그 어느 나라보다 코로나19에 잘 대응하는 어메이징한 나라이다.

국내 신문과 방송만 보면 정반대다. 코로나19라는 초유의 재난에 제대로 대응하지 못해 휘청거리고, 경제는 점점 나빠지고, 사람들은 점점 더 살기 힘들어한다. 그들에게는 곧 어찌 되어도 이상할 것이 없는 나라가 바로 대한민국이다.

한 나라를 보는 시선이 이렇게 180도 다른 이유는 무엇일까?
뭐든 대단하다고 생각하면서 보면 더 대단하게 보이는 법이고, 삐뚤어진 채로 보면 아무리 봐도 삐뚤어져 보이는 법이라서 그렇다. 우리 언론은 하루라도 빨리 대한민국이 망하라고 고사를 지내는 사이비 무속인처럼만 느껴진다.

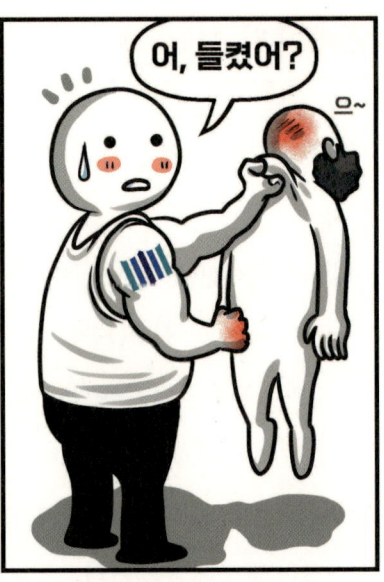

아무리 증거가 있어도 이럴 거면, 수사권 없어도 괜찮잖아요?

어차피

■ 2021년 3월 5일

대검찰청은 한명숙 전 총리 사건에서 당시 수사팀이 증인에게 허위 증언을 시켰다는 의혹에 대해 무혐의 처분을 내렸다. 혐의를 인정할 만한 증거가 없기 때문이란다. 그러니까 저들은 저렇게 아무런 거리낌이 없겠지.

공소권은 남용되고, 기소권은 입맛에 맞춰 편리하게 사용된다.
누군가에게는 면죄부를 주고, 누군가에게는 가혹한 형벌을 내린다.
말 그대로 무소불위의 권력자들이다.

견제할 수 없는 권력이 있어서는 안 된다.
그것이 바로 검찰개혁이 필요한 이유다.

"이쪽은 썩었네요. 그리고, 이쪽은 안 썩었고요.
반은 썩고 반은 먹을 만합니다.
그럼 이 사과는 썩은 사과일까요, 아닐까요?

우린 이 사과를 반쯤 먹을 만한 사과가 아니라,
썩은 사과라고 합니다.

(드라마 '빈센조' 10화)

썩은 사과

■ 2021년 3월 22일

권력이 한 곳에 집중되고

그에 대해 제대로 된 견제가 없다면,

그것이 무엇이든 간에

언젠가는 부패하고 썩는다.

지금의 검찰은

썩은 사과나 다름이 없다.

뒤로 보긴

■ 2021년 3월 25일

국민을 우습게 아는 정치인이 있다. 한둘이 아니다.

일반 서민은 상상 못 할 해괴망측한 일을 저지르고도 들키면 그저 우연이라고 말하고, 불법을 저지르면서도 나중에 알려지면 잘못인 줄 몰랐다고 하면 된다. 그들은 그래도 된다. 대충 시간을 끌면서 뭉개다 보면 처벌받지 않고 구렁이 담 넘어가듯 넘어가지니까.

아니, 처벌은커녕 그런 사람들이 어디 시장이 되고 국회의원이 되어 더 떵떵거리고 산다. 우리는 그걸 불공평이라고 하지만, 저들은 그걸 당연함이라고 말할 것이다.

예전에 어떤 공직자가 국민을 개돼지라고 칭하여 비난을 산 적이 있다. 그 사람의 죄는 그런 생각을 입 밖으로 낸 것뿐이다.

국민을 개돼지로 생각하는 속마음을 들킨 죄.

진짜 벌받을 대상은 그런 생각을 하면서 법 위에 서서 거리낌 없이 불법을 저지르는 사람들이다.

개그맨들이 점점 설 자리가 사라지는 이유

개그콘서트

■ 2021년 5월 14일

개그에서 가장 웃기는 순간이 언제일까?

그것은 바로 반전(反轉)이 있을 때다.

예상과 전혀 다른 생각지도 못한 상황이 연출될 때 사람들은 웃는다.

꼭 개그가 아니더라도 마약이 아니라 최음제인 줄 알았다거나, 술은 마셨지만 음주 운전은 하지 않았다거나, 뎅기열 때문에 귀국하지 못했다는 변명은 보통 사람들이 생각하기 힘든 반전이기 때문에 기사화되고 쟁점이 된 것이다.

조직폭력배가 폭력을 쓰지 않는다면 누구라도 웃을 일이다.

이제는 기자들이 공정한 기사를 쓴다고 해도 웃을 일이고.

검찰이 정의를 입에 담는 것도 실소만 나올 일이다.

하지만 이것은 웃는 게 웃는 게 아니다.

어이없고 슬프고 아프고 억울해서 나오는 실소일 뿐이다.

기자님들!
받아쓰기하는 방법, 가짜뉴스 쓰는 방법 말고,
질문해야 할 때 용기 내는 방법, 질문다운 질문 하는 방법을
익혀보는 것은 어떨까요?

기자의 질문

■ 2021년 5월 24일

1.
질문하지 못하는 기자는
기자의 자격이 있을까?

2.
취재라는 명목으로 수십 명이 몰려가서
한 가족의 인생을 도륙하는 데 동참하는 기자들은
기자의 자격이 있을까?

이제는 기레기 말고
스스로에게도 부끄럽지 않은 기사를 쓰는
기자님들이 더 많아지기를 희망합니다.

오늘도 기레기는

■ 2021년 6월 6일

가끔은 언론이 왜 이 지경까지 되었는지 생각해 본다.

인터넷의 시대가 되어서일까?

하루에 얼마씩 정해진 기사 할당량을 채워야 해서기 때문일까?

언론이 더 이상 정권의 탄압을 받지 않아서일까?

아니면 반대로 누군가의 눈치를 봐서일까?

뉴미디어가 더 주목받기 때문일까?

기레기라는 신조어가 생겨서일까?

자존심이 높아서일까?

반대로 자존심을 지키기 힘들어서일까?

그 외에 수많은 이유를 생각해 보지만

생각의 마무리는 결국 하나로 귀결된다.

그들은 부끄러움을 모르기 때문이다.

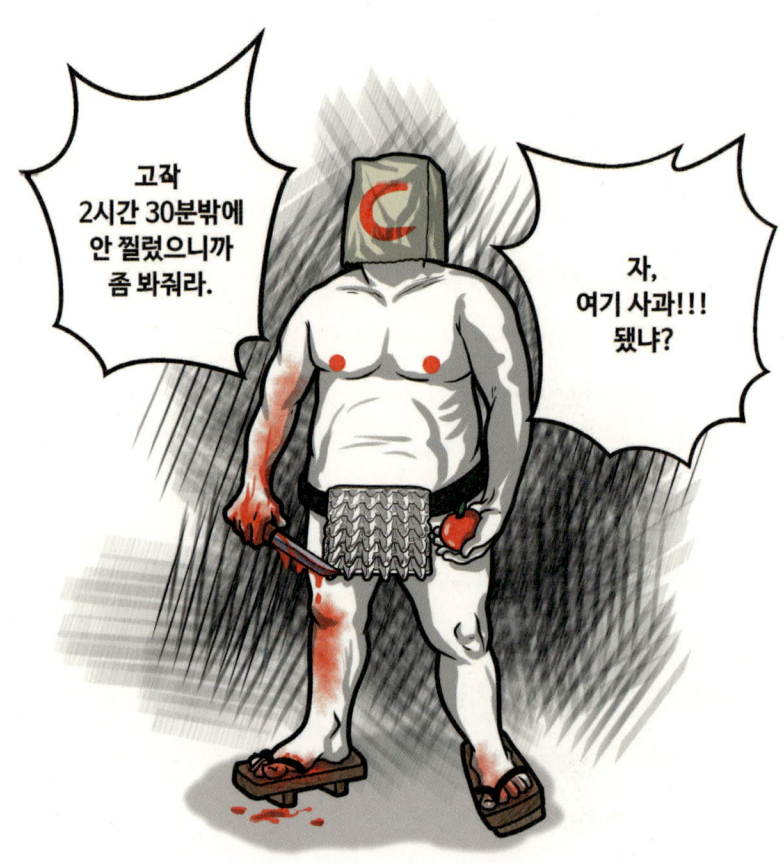

사과

■ 2021년 6월 23일

'펜은 칼보다 강하다.'

예전에는 권력에 저항하는 저널리즘을 긍정적으로 표현하는 의미로 쓰였지만, 이제는 다르다. 현시대에 와서는 말 그대로 펜이 칼보다 강해졌다. 영향력 있는 곳에서 작정하고 글을 쓰면 누구보다 쉽게, 무엇보다 확실하게 대상에게 상처를 주는 무기가 된다.

아무리 칼보다 강한 펜을 조심해서 쓰라고 조언해도 글을 쓰는 그 누구도 귀담아듣지 않는다. 그저 우연히 얻은 이 무기를 부끄러움도 모르고 자신들의 이득을 위해 쓸 뿐이다.

모 언론사는 성매매에 관련된 기사를 쓰면서 조국 전 장관과 그의 딸을 연상시키는 삽화를 사용했다. 사건이 쟁점이 되자 기사를 내렸지만, 사람들의 분노가 가라앉지 않으니 변명과 같은 사과문을 짧게 올렸을 뿐이다.

당신들, 참 비겁하다.

적폐는 한 몸입니다

■ 2021년 7월 21일

검찰은 정의로운 줄 알았다.
판사는 공정한 줄 알았다.
언론은 진실만 말하는 줄 알았다.
그런 줄만 알았었다.

어느 순간
검찰이 정의롭지 않을 수도 있다는 걸 알았고,
판사의 성향에 따라 판결이 바뀔 수 있다는 것도 알았고,
언론은 진실보다 누구의 편인지가 우선임을 알았다.

지금은
그 셋을 굳이 구분해야 할 필요성을 못 느낀다.
형식적으로 역할을 분담하는 거대한 검은 무언가처럼만 보인다.

물론 그 안에는 극히 소수의 정의로운 검사와,
공정한 판사와, 참된 언론인도 있다는 것을 안다.
그 소수가 주류가 될 수 있도록
개혁의 촛불을 드는 것이 우리가 할 일이다.

그 짧은 몇 마디 문장에
얼마나 많은 비하와 차별이 담겨있는지
아마 당신은 평생 모를 것 같습니다.

비하의 말들

■ 2021년 9월 15일

노동의 가치를 무시한다.
선진국과 후진국으로 나누고 무시한다.
인도를 무시하고 아프리카를 무시한다.
그는 비하가 몸에 배어있는 인간이다.

모를 수도 있다.
몰라도 살아가는 데 별 지장이 없을 수 있다.
하지만 대통령을 목표로 하는 사람이라면 절대 몰라서는 안 된다.

이런 인간이 한 나라의 대통령 후보라는 것이 부끄러웠다.
가장 유력한 후보라는 사실이 수치스러웠다.
그리고 지금은 이 나라의 대통령이라는 현실이 절망스럽다.

포르쉐

■ 2021년 10월 9일

아무리 외제 차를 타고 다닌 적이 없다고 해명해도
언론은 그를 포르쉐 타는 사람으로 만들어야 했다.

하지만
아빠 찬스로 수십억의 퇴직금을 받고
포르쉐를 타고 법원에 출두한 이에게
제대로 따져 묻는 언론은 거의 없었다.

지어내지 않으면 기사를 쓰지 못하는 병이 있나.
비겁하지 않으면 기사를 쓰지 못하는 병이 있나.
그것이 당신들 언론의 수준이다.

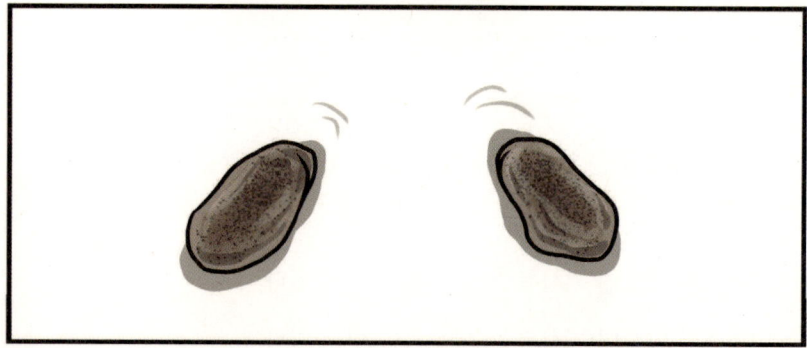
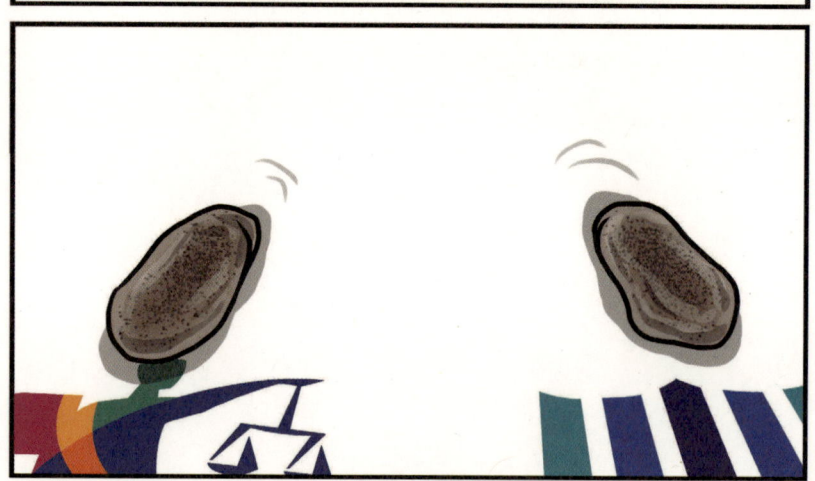

불이(不二)

검판불이

■ 2021년 10월 26일

우리는 사법부의 공정함을 믿은 것이 아니라
공정하지 않으면 안 된다는 희망을 믿고 있었을 뿐이다.
이제는 그 실낱같은 희망마저 사라지고 있다.

검찰의 보복을 두려워하는 일부가 납득 못 할 판결을 내린다고 생각하는데, 그것도 아니었나 보다. 검사와 판사는 처음부터 둘이 아니었던 것처럼.

마지막까지 사법부의 공정함을 믿고 싶었던 것은 거기에 소속된 사람들이 엄청나게 대단해서가 아니다. 검찰의 민낯이 드러난 상황에서 판결을 내리는 사법부마저 썩었다는 것을 알게 된다면 그마저도 국민이 기댈 곳이 사라지기 때문이다.

'재판 관여' 전 부장판사 탄핵심판 각하!
'학생부 공표' 유출자 특정되지 않아 전 국회의원 불기소!!

법 깐부

■ 2021년 10월 28일

법 위에 군림하는 카르텔이 있다.
여기에는 적과 아군이 따로 없다.
그저 다 같은 '깐부'다.

재판에 관여한 전 부장판사의 탄핵 심판이 각하되고,
학생생활기록부를 무단으로 공표해서
개인정보보호법 위반 혐의로 고발된 국회의원은 불기소되었다.

국회의원은 검사가 봐주고,
검사는 판사가 봐주고,
판사는 셀프로 봐준다.
법의 처벌을 받는 것은 저들의 법의 아래 있는 사람들뿐이다.
이것이 현실이다.

지금까지 이런 언론은 많았다. 이것은 기사인가, 찌라시인가?

기사인가

■ 2021년 11월 14일

　대통령이 방귀를 뀌자 장관이 "각하, 시원하시겠습니다!" 하고 아부하던 시절이 있었지만, 언론은 그 지경까지는 아니었던 걸로 알고 있다. 진실을 보도하는 저널리스트가 있던 시절이니 자기가 쓰는 기사가 똥인지 된장인지 정도는 알 수 있었겠지.

　시간이 지나면서 변하기 시작하더니 이젠 형평성은커녕 권력에 대한 무한한 찬양 기사를 충성 경쟁 하듯이 쏟아낸다. 희대의 아부성 문구 '형광등 100개를 켜 놓은 듯한 아우라'가 탄생했고, 그 이후부터의 부끄러움은 모두 우리 몫이 되었다.

　앞머리를 살짝 올리는 것조차 기사가 되는 시대.
　그걸 기사라고 쓰는 언론.

　우리는 이런 시대를 살고 있다.

어쩌면 현실이 될지 모르는
상상하고 싶지 않은 우리의 미래

매너가 사람을 만든다

■ 2022년 2월 13일

　기차 의자에 발 좀 얹으면 어떻고, 그 정도 일로 뭐 그렇게 호들갑이냐고 생각할 수 있다. 그것 하나로 그 사람을 단정 지어버리면 선입견이 될 수 있다는 것도 안다.

　그동안 그가 내뱉은 발언, 생각, 행동을 정리해서 분석하고, 그가 대통령이 되었을 때 과연 어떻게 국정을 운영할지를 개인적 호불호를 빼고, 최대한 객관적으로 예측해보는 시뮬레이션의 일부다. 매너가 전부는 아니지만, 중요하게 생각하는 이유가 여기에 있다.

　가장 긍정적인 방향과 가장 부정적인 방향을 생각해 본다.
　그리고 그 결과는 상상하고 싶지 않았던 미래가 현실이 된다.

　아니었으면 좋았겠지만, 너무나 불행하게도
　한때 눈떠보니 선진국이라 불리던 대한민국이
　사상 최악의 길로 직진하는 중이다.

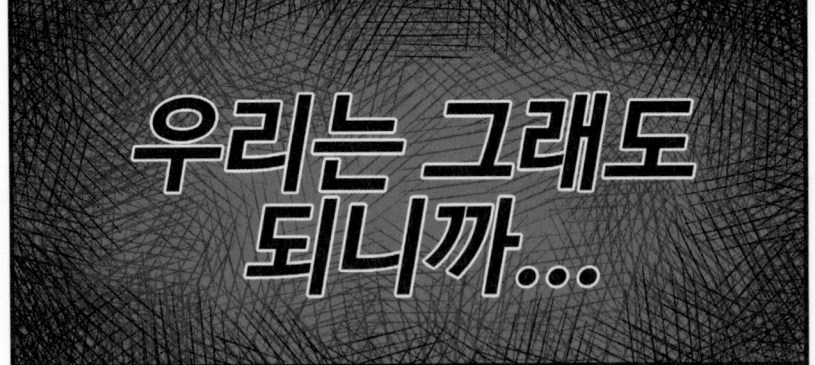

그래도 되니까

■ 2022년 2월 15일

"비가 오지 않아도, 비가 너무 많이 내려도
다 내 책임인 것 같았다.
아홉 시 뉴스를 보고 있으면
어느 것 하나 대통령 책임 아닌 것이 없었다.
대통령은 그런 자리였다."
- 노무현 대통령 『운명이다』

완벽하게는 아니더라도 이렇게 생각하려고 노력하는 사람이 대통령이 되기를 희망했다. 잘못했으면 제대로 사과할 정도의 용기는 있어야 최소한의 자격이 생긴다고 생각했다.

하지만 아니었다.
국민을 생각하는 대통령이 아니라 특권을 누릴 수 있는 권력의 정점에 서고 싶은 사람이 우리 주변에는 더 많았고, 그걸 당연하게 생각하는 사람이 더 많았던 것이다. 그래서 우리는 선거에서 졌고, 그 대가를 저들과 함께 치르는 중이다.

이상한 걸 좋아하고 이상한 말만 하는 이상한 벌레들

이상한 벌레들

■ 2022년 3월 31일

'대통령 되면 혼밥하지 않겠다'는 말이나 '당선인을 목욕탕에서 봤는데 살이 뽀얗더라'는 인터뷰가 기사화되고, '청사를 마련해 가면 한번 저녁에 양을 많이 끓여서 같이 먹자'는 당선인의 약속이 그렇게 열광할 일인가. 상식적인 기자라면 이런 기사 쓰면서 자괴감 같은 감정이 들지 않을까? 그저 칭송에, 칭찬에, 미담이라니…. 이것이 지금 이 나라 언론의 수준이다.

검찰 공화국 x 무속의 시대
(20220510 - ???)

시작
■ 2022년 5월 10일

　액막이 논란을 시작으로 역사상 가장 준비되지 않은 대통령의 취임식과 함께 누구도 상상해 보지 않은 나라가 시작되었다. '부자는 망해도 3년 간다'는 속담은 '본래 부유했던 사람들은 어느 날 갑자기 쫄딱 망하더라도 얼마 동안은 그럭저럭 버틴다'는 뜻이지만, 이제는 '아무리 부자라도 망하는데 3년이면 충분하다'는 뜻으로 바꿔야 할지 모른다.

산불, 미사일, 산낙지

■ 2022년 5월 31일

대통령은 취임 후 상습적으로 지각하고, 북한이 미사일을 발사하던 날 마저 6시 칼퇴근을 했다고 야당은 주장했지만, 대통령실 대변인은 '대통령의 업무는 24시간 중단되지 않는다. 출퇴근 개념 자체가 없다'는 이상한 답변을 내놓았다.

밀양에서 발생한 산불은 계속 확산되어 '산불 3단계' 및 산불 국가 위기경보 '심각'을 발령했는데도, 대통령은 부산 자갈치시장을 방문해서 산낙지를 움켜쥐고 웃으면서 사진을 찍고 있었다.

아마도 눈앞에 다가온 6.1 지방선거가 중요하기 때문이겠지만, 한 나라의 대통령이 가장 중요하게 여겨야 하는 것은 자국민의 생명과 안전이 아닌가? 재난에 제대로 대응하지 않는 지도자를 국민들이 어떻게 믿고 따를 수 있을까?

이번이 마지막이길 항상 빌지만, 앞으로도 이런 상황이 계속 반복될 것만 같아서 무척이나 두렵다.

보이는 것

■ 2022년 6월 15일

　대통령이 부인과 서울 성북구의 유명한 빵집을 찾았고, 주변 일대에 교통 통제로 시민들은 큰 불편을 겪었다.
　북한이 서해로 방사포를 쏘았는데도 대통령은 부인과 함께 팝콘을 먹으며 영화를 관람했다. 논란이 일자 대통령은 방사포는 미사일이 아니고 필요한 대응은 했다고 말했으나 국민은 납득하지 못했다.
　태풍 피해 현장의 한 식당을 찾은 대통령은 울먹이는 피해 상인의 호소는 듣지도 않고, 벽에 붙은 메뉴판만 뚫어지게 쳐다보는 모습이 공개되어 사람들의 실망감을 자아냈다.

　그 밖에도 비슷한 기사가 계속 쏟아져도, 대통령은 크게 신경 쓰지 않는 것처럼 보인다. 나라에 수많은 문제가 산재하더라도 그에게는 사소한 문제일지 모른다. 이런 일이 한 번이면 실수로 볼 수도 있지만, 실수가 계속되면 그 사람의 실력인 것이다.

　그는 먹고 놀고 마시는 것이 우선이고, 그런 것만 보이는 사람인 것이다.

언론으로만 보면 세상 다시 없을 태평성대

태평성대

■ 2022년 6월 23일

　전 세계적으로 금리가 오르면서 환율과 유가가 동반 상승하고, 물가도 걷잡을 수 없이 오르고 있다. 이에 따라 주식시장은 요동치고 경제는 힘들어지고 있는데 대통령은 '근본적으로 대처할 방도는 없다"고 말했다. 방도가 없다니, 한 나라 대통령의 입에서 나올 말인가? 나라가 흔들리는데 제대로 된 사령탑이 보이지 않고, 배우자 논란에는 '대통령 처음 해봐서'라는 희대의 변명을 하고 있다. 나라를 위해 불사르겠다는 각오로 준비한다고 말은 번지르르하게 하면서, 안 그래도 힘든 국민들의 마음에 불을 지르는 것처럼만 느껴진다.

　이렇게 어려운 상황인데도 레거시 미디어만 보면 이 나라는 별문제 없어 보인다. 전임 대통령 때 이랬으면 나라 망한다고 난리쳤을 언론이 그저 잠잠한 것을 보면, 지금은 세상없을 태평성대나 다름없다.

　하지만 눈 가리고 아옹 한다고 진실은 덮이지 않는다는 것을 모두가 알고 있다. 대통령의 무능은 금방 들통나고, 지지율은 곤두박질칠 것이며, 대책을 마련하라는 목소리가 갈수록 높아질 것이다. 이럴 때일수록 언론이 정신을 차려야 하는데 지금 상황으로는 그런 날이 언제 올지 요원하기만 하다.

애쓴다, 애써

■ 2022년 9월 23일

'날리면'이라는 애잔한 변명에 헛웃음도 나오지 않았다. 그나마 대통령실에서 열일하는 사람이 이런 홍보수석뿐이라는 사실이 대한민국의 국민으로 한없이 안타까웠다. 이 방법이 통했다고 생각해서였는지 몇 년이 지나 탄핵 심판을 받는 윤 대통령 측은 '국민들은 이 비상계엄을 계몽령이라고 이해하고 있다'거나 '(국회)의원이 아니라 요원을 빼내라고 했다'는 황당한 변명으로 국민을 희롱한다.

하지만 이제는 먹히지 않는다.
아니, 정확히 말하면 그때도 그 방법은 먹히지 않았다.
언론들이 말도 안 되는 뉴스들을 쏟아내며 국민의 눈과 귀와 입을 막았을 뿐이고, 이제는 애쓰면서 꾸역꾸역 해오던 것이 더는 통하지 않을 뿐이다.

'애'는 우리말로 내장, 창자를 뜻하고, '애를 쓴다'는 말은 보통의 노력보다 훨씬 더 힘쓴다는 뜻이다. 있는 힘껏 최선을 다하는 모습을 볼 때 우리는 보통 '애쓴다'는 표현을 하는데, 정치인이라면 모름지기 국민을 위해 써야 할 '애'를 왜 무능한 대통령의 변명을 위해서만 쓰는지 도통 모르겠다.

이상한 나라

■ 2023년 2월 5일

시간이 갈수록 온갖 험한 것들이 계속 튀어나왔다.

깊고 어두운 곳에 숨어있던 벌레들이 먹이를 찾아 나선 것처럼, 듣도 보도 못했던 무속인들의 이름부터, 말도 안 되는 정치 브로커와 여론조사 게이트를 넘어, 단지 역사 교과서에서나 나오던 계엄령이라는 황당한 사건까지 현실이 되었다. 이 나라의 진짜 지도자가 누구인지도 모르겠는 이상한 나라. 이쯤 되면 '이게 나라냐?'는 말이 절로 나온다.

그런데도 이 나라는 무너지지 않았다.
게다가 버티는 것에 그치지 않고, 위기를 이겨내는 중이다.
거지 같은 정당이 아닌 진짜 국민의 힘으로.

도대체 어디서 이런 힘이 나오는 걸까?
아무리 생각해도 알 수가 없다.
대한민국은 정말 이상한 나라다.

돈가스

■ 2023년 3월 16일

윤석열 대통령은 국가원수 공식 방문으로는 가장 격이 낮은 '실무방문 빈객'으로 방일하는 굴욕적인 상황에서도, 본인이 좋아하는 오므라이스와 돈가스를 먹으며 두 차례에 걸쳐 화기애애하게 이야기를 나눴기 때문에, 환대를 받은 것으로 봐야 한다는 눈물겨운 정신 승리를 보여주었다.

알게 모르게 쉼 없이 많은 것을 일본에 내어주고 있다.

그동안 선조들이 어떻게 막아내고 지켜온 것들인데 이리 쉽게 그것도 스스로 포기하다니 굴욕도 이런 굴욕이 없다. 드라마 「미스터 션샤인」에 나오는 '빼앗긴 것은 되찾을 수 있지만, 내어준 것은 되찾을 수 없다'는 명대사처럼 지금 일본에 내어주고 있는 것들을 훗날 되찾지 못하게 된다면, 나는 정말 이와 관련된 사람들을 용서하지 못할 것이다.

햇살무늬 방사능기

■ 2023년 5월 29일

    일본 해상자위대 함정이 욱일기를 달고 부산에 입항했을 때, 국내 언론은 '욱일기' 대신 '햇살 무늬 자위함기'라는 애매한 표현을 (마치 누군가의 지령이라도 받은 것처럼) 썼다가 비난을 받고 수정했지만, 당시 방사능 유출과 관련된 작품을 그리며 제목을 고민하던 나는 덕분에 '햇살 무늬 방사능기'라는 걸출한 작품명을 지을 수 있었다.

'대통령 향 0.7% 함유'

앙꼬 없는 찐빵

■ 2023년 11월 10일

　대통령실 홈페이지를 보면 대통령은 엑스트라고, 부인이 주인공처럼 나온 사진이 제법 많다. 혹시 대통령 부인 전용 사진사가 찍었거나 사진사가 부인을 대통령으로 착각했을까? 대통령 후보 시절 각종 의혹이 불거지자, 아내 역할만 충실하게 '조용한 내조'를 하겠다던 부인이 센터 본능을 뽐낸다면, 그때를 기억하는 국민이 어떻게 볼지 생각은 해봤을까?

국민의 방송?

■ 2023년 11월 14일

윤 대통령에 의해 사장으로 임명된 그는 취임과 함께 아무런 예고도 없이 뉴스 및 시사 프로그램의 진행자를 대폭 물갈이했을뿐더러, 진행자에게도 방송 전날이나 당일에 전화로 하차를 통보하는 등 몰상식함을 보였다.

또한 감사실 직원 세 명을 한꺼번에 교체했다가 가처분 신청으로 인사발령 효력이 정지되었고, 광복절에 이승만 미화 다큐멘터리를 방영하고, 기미가요가 나오는 일본 배경의 오페라를 방영하는 등 '국민의 방송'이라는 명성에 먹칠을 했다.

특검 이즈 레디

■ 2023년 11월 29일

　가능성이 별로 없다는 것을 알고 있으면서도 천문학적인 비용을 쏟아부어 2030 부산 엑스포 유치를 홍보했지만, 예상보다도 저조한 29표라는 초라한 결과로 엑스포 유치는 불발되었다. 대규모 비용 낭비도 문제지만, 국제 무대에서 대한민국의 영향력과 외교력을 여지없이 보여준 것이다.
　사고를 사고로 덮고, 다른 이슈를 만들어 덮는 이 정권도 슬슬 한계가 보인다. '부산 이즈 레디'가 초라하게 퇴장했으니, 이제부터는 '특검 이즈 레디'다.

옛날 방식, 요즘 방식

■ 2024년 2월 1일

대통령 부인이 재미교포 통일 운동가인 최재영 목사로부터 300만 원짜리 '크리스챤 디올' 파우치를 선물 받는 영상과 접견을 위해 소통하는 내용의 SNS가 공개되었다. 이 영상이 세상에 나오는 것으로 그동안의 첩보 영화는 이제 우스운 일이 되어버렸다. 약간의 인맥과 명품만 있으면 대통령 부인을 이런 허술한 방법으로도 만날 수 있는데, 어렵게 최첨단 장비와 정예 요원을 투입할 필요가 있겠는가.

나라가 발칵 뒤집어질 일인데도 대부분 언론은 침묵하며 권력의 편에 서 있다. 대통령 부인의 디올 백 수수 의혹을 수사한 서울중앙지검은 전담팀을 꾸린 지 약 4개월 만에 대통령 부인에게 범죄 혐의가 인정되지 않는다고 결론 내렸고, 검찰 수사심의위원회는 본 의혹과 관련하여 대통령 부인을 재판에 넘기지 말 것을 권고했다.

또 흐지부지 끝날 거라 그들은 생각하겠지만 오산이다. 곧 임계점에 다다르면, 그동안의 의혹들이 기폭제가 되고 필벌의 증거가 될 것이다니 각오 단단히 하시라.

감히

■ 2024년 2월 16일

    2024년 1월 18일, 전북특별자치도 출범식에서 지역구 국회의원이 대통령 경호처 경호원들에게 입을 틀어막힌 채 사지가 들려 강제로 퇴장당했다. 2024년 2월 1일, 대통령이 참석한 의료 개혁 민생토론회에 미초청된 대한소아청소년과의사회장이 관련 의견을 전하러 왔다가 대통령 경호처 직원에 의해 입을 틀어막힌 채 퇴거당하고 퇴거불응죄로 경찰에 연행되었다. 2024년 2월 16일, 카이스트 동문 앞 거리에서 피켓을 들고 사전선거운동을 하던 진보당 예비후보는 유세 장소가 대통령 탑승 차량이 지나가는 길이라는 이유로 사복 경찰에 의해 강제로 끌려 나갔고, 같은 날 카이스트 학위수여식에서 대통령 축사 도중 한 졸업생이 R&D 예산 삭감에 대한 항의 구호를 외치다 대통령 경호처 경호원에 의해 입을 틀어막힌 채 강제로 퇴장당한 뒤 경찰서로 연행되었다.

    과잉 경호, 심기 경호, 입틀막 경호의 책임자였던 자가 2024년 9월부터 국방부 장관으로 임명되었다는 소식을 듣는 순간 분노가 치밀어올랐다. '너희 따위가 감히'라고 생각하니 그렇게 상대의 입을 틀어막을 수 있었겠지만, 대한민국의 국민은 당신들이 감히 함부로 대해도 되는 존재가 아니다. 언젠가는 반드시 당신들의 부당한 행위가 제대로 심판받는 날이 올 것임을 잊지 않길 바란다.

제4장

기억하는 마음

세월호 2주기

■ 2016년 4월 16일

　수백 명이 희생된 참사가 제대로 된 후속 조치도 없이 2년이 지났다는 현실이 믿기지 않는다. 유가족의 억울함이 풀리는 날이 올 때까지, 매년 오늘을 기록하며 기억하기로 스스로에게 다짐한다. 더 많은 이들이 저마다의 방식으로 추모하길 바라며.

세월호 3주기

■ 2017년 4월 16일

1주기와 2주기는 '세월호 만화인 행동' 작가들과 광장에 있었고, 이번 3주기는 지역 활동가들과 함께 부천역 광장에서 추모 걸개를 작업했다. 가톨릭 전례력으로 오늘은 '부활절'이다. 세월호 희생자를 기억하는 것이야말로 부활절의 참된 의미를 실천하는 것이라 마음으로 작품을 그렸다.

세월호 4주기
■ 2018년 4월 16일

정권이 바뀌었고 금방 변화가 있을 줄 알았지만 그렇지 않았다. 시간이 갈수록 모든 것은 희미해지기에, 그런 옅어짐을 표현하기 위해 노란색과 흰색이 아닌, 노란색과 조금 연한 노란색으로 이미지를 작업했다. 얼마 전에 개봉한 세월호 다큐멘터리 '그날 바다'의 표를 예매했다. 어쩌면 앞으로의 싸움의 대상은 희미해짐이 될지 모른다.

세월호 5주기　　　　　　　　　　■ 2019년 4월 16일

　조금 생각을 바꿔서 앞으로는 SNS를 통해 그림을 공유하는 것이 더 의미 있을 거라는 결론을 내렸다. 고작 일 년에 한 장이지만 세월호를 기억하고자 하는 이들에게 작은 위로가 되기를 바라며 조금 더 공들여 제작했다. 그림을 완성하고 안산 화랑유원지에서 개최된 5주기 기념식에 참석했다. 바람이 불었고, 꽃비가 내렸고, 우리는 함께 걸었다.

세월호 6주기

■ 2020년 4월 16일

　시간이 갈수록 진실은 은폐되고, 유가족에 대한 비방은 거세졌으며, 왜곡된 거짓을 사실처럼 둔갑시켰는데, 그 정점이 21대 총선 선거운동이었다. 정치를 해서는 안 될 인성의 소유자들이 세월호 희생자와 유가족에게 상처가 되는 발언을 서슴없이 뱉어낸다. 이에 조금이라도 나은 이에게 표를 주기 바라며 선거법을 위반하지 않는 선에서 투표 독려 이미지를 만들어 공유했다.

세월호 7주기   ▪ 2021년 4월 16일

    그 긴 시간 동안 변한 것이라고는 사람들의 기억뿐이다. 온전한 기억으로 그날의 진실을 알리려고 노력하는 사람들도 있지만, 아무리 진실을 알려도 귀를 막은 채 자신의 기억만을 신뢰하는 이들도 있다. 서로 다른 7년의 기억을 반대로 뻗은 두 개의 가지로 그리고, 진실을 잊지 않도록 노력하는 사람들의 마음을 꽃과 촛불로 표현하였다.

7년

■ 2021년 4월 16일

7년은 숫자로만 말하면 감이 잘 오지 않지만, 그때 태어난 아이들이 자라 곧 초등학교에 입학할 만큼의 시간이다.

긴 시간이 흘렀어도 우리가 진실에 다가가고 있느냐고 누군가가 묻는다면 그렇다고 대답할 사람이 몇이나 될까. 아니, 대답할 수 있는 사람이 있기는 할까.

올해 처음 만화 수업을 나가는 학교의 학생들에게 세월호 배지를 나누고 싶어서 담당 교사에게 물었더니 흔쾌히 허락해 주었다. 허락을 받아 기쁜 마음은 잠시뿐, 이런 것조차 조심스러워야 하는 현실이 서글펐다. 조심스럽게 배지를 전하고 오늘의 의미를 한번 생각해 보자는 한마디가 내 용기의 전부였다.

역산하면 세월호 참사가 일어났을 때, 이 학생들은 유치원생이거나 초등학교 저학년이었을 것이다. 그때 어린아이들의 시선에서 세월호 참사는 어떤 의미였을지 상상은 안 되지만, 배지를 받은 학생들은 공감의 마음을 표현했다. 고맙고 미안했다. 이 학생들에게 더 이상 미안하지 않을 유일한 방법은 그날의 진실이 온전히 밝혀지는 것뿐이 아닐까.

세월호 8주기

■ 2022년 4월 16일

대선이 끝났다. 그 결과로 집권당이 바뀐다.

어떻게 저런 집단에 표를 주고 다시 대통령을 만들 수 있을까. 아직 해결되지 않음에 대한 답답함 차원이 아니라, 실낱같은 희망조차 사라질지 모른다는 두려움이 일었다. 그럴수록 버티고 견디고 힘을 모아야 한다. 해가 뜨기 직전이 가장 어둡다는 말처럼 견디기 힘들수록 진실에 가까워지고 있다는 희망을 이야기해야 한다.

8주기를 맞아 팔각의 이미지를 만들었다. 불교에서는 팔각을 원(깨달음)이 되기 직전의 단계를 뜻한다고 한다. 훗날 지금을 돌아볼 때, 부디 이 절망의 시간조차 진실로 가는 길의 일부이기를 기도한다.

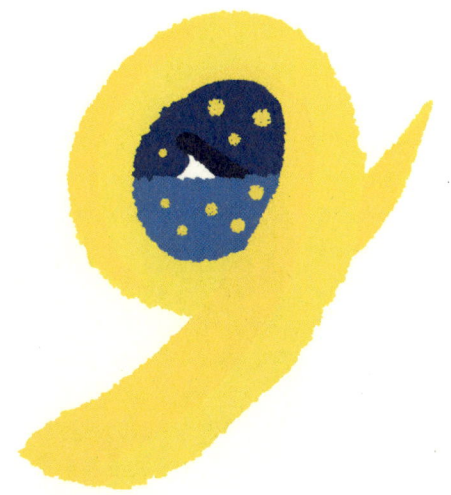

세월호 9주기　　　　　■ 2023년 4월 16일

　제대로 대비하지 않는다면 참사는 한 번으로 끝나지 않는다. 그리고 이미 일어난 참사를 제대로 수습하지 못하면 이후의 어떤 사건도 이전 것보다 더 잘 해결할 확률은 높을 리가 없다. 그래서 세월호의 진실이 무엇보다 중요한데 정부는 침묵하고, 언론은 왜곡하고, 사람들은 점점 잊어간다. 이제 마음속의 뜨거움은 분노 대신 슬픔의 몫이 되어가고 있다.

　8주기 이미지는 의미를 담아 만들었지만 너무 단순하게 보였던 터라 9주기의 이미지는 현 상황과는 반대로 예쁘게 담고 싶었다. 9라는 숫자의 가운데 세월호와 별을 담았다. 그중 바다에 있는 다섯 개의 별은 아직 돌아오지 못한 다섯 분의 미수습자를 뜻한다.

세월호 10주기

■ 2024년 4월 16일

처음 참사가 일어났을 때, 강산이 변할 만큼의 시간이 지나도록 해결되지 못할 거라고 어느 누가 상상이나 했을까. 길어야 일이 년 안에 사고의 진상이 밝혀져 책임자는 처벌받고, 재발 방지 시스템이 구축될 것으로 생각하지 않았을까.

현실은 조금도 앞으로 나아가지 못하고 계속 뒷걸음질 치고 있다. 정부는 언론과 합작하여 어떠한 참사가 발생해도 진실을 숨기기에 급급하다. 이 나라에서는 생명과 안전을 지키는 것이 더는 국가의 몫이 아닌 개인의 역할로 변하고 있다.

해가 바뀌면서부터 10주기의 이미지를 어떻게 그려야 하나 고민을 하다가 사건이 아닌 사람이 중심이 되면 좋겠다고 생각했다. 희생자와 유가족뿐만이 아니라 지난 10년을 다르지 않은 마음으로 함께 버티고 견디고 소리를 외쳤던 사람들도 함께 이미지 속에 녹아내기로 마음먹었고, 그렇게 만들어진 이미지가 '촛불과 리본'이다.

세월호 11주기

■ 2025년 4월 16일

10년, 그리고 1년.

크게 한 바퀴를 돌고도 다시 1년이라는 시간이 더 지나갔다.

아무리 몸부림쳐도 반응조차 보이지 않는 현실을 마주하면서 이제 우리는 무엇을 해야 할지 생각하다가 무력감에 빠졌고, 혼자만 만족하는 그림 그리기는 이 정도에서 멈출까도 고민하다가 이번이 마지막이라는 생각으로 펜을 들어 작업을 시작했다.

11주기는 진실을 밝히기 위해 다시 한번(1) 시작하는 첫해(1)라는 의미로 컨셉을 정했다. 숫자의 표현은 처음부터 두 명의 학생이 서 있는 모습을 떠올렸고, 손에 든 촛불은 우리가 여전히 세월호를 기억하고 있음을 뜻하며, 배경의 커다란 세월호 리본은 아직 드러나지 않은 진실을 찾기 위해 가야 할 길의 형상으로 표현했다. 두 학생의 맞잡은 손을 가장 마지막으로 완성했는데, 우리는 혼자가 아니라 서로 연대하고 있음을 이야기하고 싶었다.

노란 리본을 만드느라 지문이 사라져 주민등록증 발급이 안 된다는 지인의 글을 읽고 부끄러웠고, 편안하게 책상에 앉아 그림을 그리면서 말하는 나의 무력감도 어린이 투정처럼만 느껴져 부끄러웠다. 조금이라도 덜 부끄럽기 위해서 앞으로도 꾸준히 그림을 그리겠다.

이태원 참사

■ 2022년 10월 29일

여느 때처럼 컴퓨터 앞에서 밤샘 작업을 하고 있는데 커뮤니티에 이상한 글이 하나둘 올라오기 시작했다. 핼러윈 축제가 한창인 이태원 거리에서 압사 사고 소식으로, 포털에 뉴스가 뜨기 전이라서 이 내용을 믿어야 하나 마나를 고민하던 차였다. 뒤이어 올라오는 사진과 동영상에는 거리에 일렬로 마네킹처럼 누워있는 사람들과 쉬지 않고 인공호흡을 하는 몇몇이 보면서도, 너무나 비현실적이라 받아들이지 못하다가 공중파에 속보로 뜨는 것을 보고서야 겨우 현실을 인정했다.

대한민국 수도 서울 한복판에서 일어난 말도 안 되는 참사의 희생자는 대부분 축제를 즐기기 위해 이태원을 찾은 젊은이들이었다. 그 젊음이라는 꽃이 채 피지도 못하고 하늘의 별이 되었다. 경찰 몇 명이 더 배치되어 제대로 통제만 했다면 벌어지지 않았을 인재였다.

더 이상의 희생자가 나오지 않기를 기도했던 그날 밤은 내 평생 가장 무기력했던 시간 중의 하나로 기억될 것이다.

이태원 참사 추모 뱃지

■ 2022년 11월 14일

정부는 참사 이후 보름이 지나도록 누구의 책임인지, 무엇을 잘못했는지 조차 모르거나, 모르는 척하고 있었다. 언론은 쉼 없이 기사를 쏟아내고 있지만, 들으면 들을수록 진실에서 멀어지게 하는 것이 목표처럼 느껴진다. 진실을 가리키면 가리키는 손가락을 공격하는 것은 세월호 판박이다.

또다시 나름의 추모를 시작하면서 이번에는 조금 무리하기로 했다. 추모 배지를 디자인하고 1,000개의 배지를 제작해서, 일부는 유가족에게 전달하고 일부는 시민들에게 배포하였으며, 일부는 추모 작품을 제작하는 데 사용하였다.

추모 작품은 흰색 판에 배지를 설치하는 간단한 작업으로 망치 대신 손으로 눌러가며 작업을 진행했다. 단단한 원목 판이라 몇 개만 설치해도 엄지손가락이 금방 부어올랐지만, 희생자를 떠올리니 그 아픔 또한 추모의 과정이라 생각했다. 총 159명의 희생자 추모 배지를 설치하는 것으로 작품을 마무리하여 참사 분향소 앞에서 진행된 문화예술인 시국 선언장에서 처음으로 사람들에게 선보이게 되었다.

10.29 이태원 참사, 이대로 잊혀지면 안됩니다.

지금부터라도

■ 2022년 12월 6일

2022 카타르 월드컵 조별리그 경기에서 강팀과의 경기를 승리로 이끈 손흥민 선수는 기쁨의 눈물을 흘렸고, 그 광경을 본 국민들 역시 뜨거운 감동의 시간을 보냈다.

그와 비슷한 시기에 이태원 참사 희생자의 아버지가 참석한 진상규명과 재발 방지를 위한 국정조사 특별위원회 유가족 간담회에서 참사의 진실을 밝혀달라며 눈물로 호소했지만, 아는 사람들만 알았을 뿐 전 국민의 공감을 얻지는 못했다.

물론 손흥민도, 손흥민을 응원하는 국민도 잘못은 없다.

굳이 억지로라도 둘을 연결하면서 일종의 '어그로'를 끄는 작품을 만든 것은 내가 그림을 잘못 그렸다는 욕을 먹더라도 유가족의 절규가 더 많은 이들에게 알려지고 공감하기를 바라서였다.

아버지의 이 절규가, 이 외침이, 이 눈물이 외면 속에 사라지는 일만큼은 절대 있어서는 안 되기에 지금부터라도 더 많은 관심과 응원이 이태원 참사의 희생자 및 유가족과 함께하기를 바라고 또 바라본다.

기억

■ 2023년 4월 10일

　국회에서 열리는 세월호 참사 9주기 추모 전시에 참여하기 위해 울고 있는 소녀의 뒷배경으로 두 가지 주제 이미지를 담았다. 바다에 떠 있는 노란 배는 세월호 참사의 희생자를 뜻하고, 이태원 참사 당시 그렸던 추모 그림의 일부인 밤하늘의 꽃, 별을 넣어 그림을 완성하였다.

　이러한 추모 전시는 꾸준히 기획되고 진행되지만, 참여하는 작가에게 경제적 이득은 없다. 그럼에도 같은 마음을 가진 동료 작가들이 있기에 나도 용기를 내어 기꺼이 일원이 되었다. 부끄러움이 많아 겉으로 표현은 잘 못하지만, 이 기회를 빌려 함께하는 나의 동료들께 감사와 존경의 마음을 보낸다.

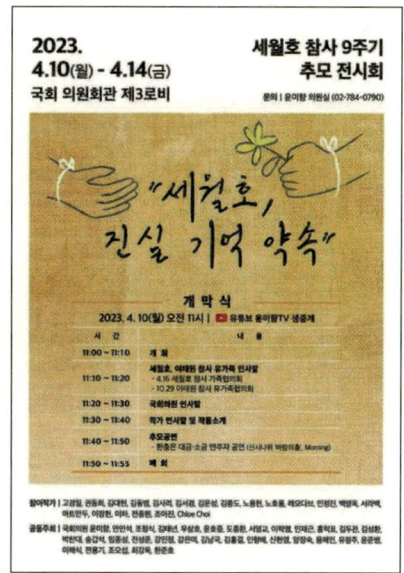

제4장_ 기억하는 마음　191

이태원 참사 1주기

■ 2023년 10월 29일

불이(不二), 둘이 아니라는 뜻.
세월호 참사와 이태원 참사가 나에게는 그러하다.

단순하되 의미를 담아 노란색 리본과 보라색 리본을 타일 형식으로 재구성하여 각각의 이미지면서 하나의 형상이 되도록 디자인하였다.

제주 4·3사건 추모 이미지 작업　　■ 2021년 4월 3일

　초록 잎은 제주도의 지도 형상.
　붉은 꽃잎은 희생자들이 흘린 피.
　노란 꽃술은 의지를 이어가는 이들의 손에 쥔 촛불.
　그저 자기 터전에서 살다가 희생된 제주 주민들의 억울함을 역사는 기억해야 한다.

미안하다 한마디라도 했어야지요.
애도한다 한마디라도 했어야지요.

국민의 안전이 최우선이라는
거짓말은 하지 말았어야지요.

침수 피해로 돌아가신 발달장애 가족의 명복을 빕니다.

한 마디라도

■ 2022년 8월 8일

　다세대 주택 반지하에 거주하던 일가족 세 명이 순식간에 차오른 빗물로 인해 자택에서 사망한 채 발견되었다. 쏟아진 폭우로 일어난 사고지만, 이건 분명 천재(天災)가 아닌 인재지화(人災之禍)다. 도시는 수백억의 수해 방지 예산을 삭감했고, 전임자 시절에는 문제없던 배관 관리를 제대로 하지 않았다. 지도자는 거리에 물난리가 나는 것을 알면서도 여느 날처럼 정해진 시간에 퇴근했고, 재난이 발생한 다음에야 별 소용없는 미흡한 대책을 후속 조치라고 내놓았다. 지금까지의 조치도 최악이었는데, 이후의 행동은 정말 절망에 가까웠다.

　대통령은 그저 눈 가리고 아웅식으로 사고 주택을 찾아 폼 잡는 사진을 찍고, 대통령실은 그런 대통령의 사진으로 '국민의 안전이 최우선입니다'라는 홍보용 이미지를 만들어 배포했다. 그 모습을 본 대통령의 멘토는 "누추한 곳에 잘 찾아갔다"는 망언을 칭찬이랍시고 쏟아냈다.

　그들이 말하는 '국민'의 범주에 침수 피해로 돌아가신 일가족은 포함되어 있을까? 만일 그렇다면 이렇게 대처하는 대신, 단 한마디라도 진심 어린 사과를 전했어야만 했다.

한 젊은이의 말도 안 되는 죽음 앞에서
무슨 말을 해야 할지 어떻게 조의를 표해야 할지
아무리 생각해도 잘 모르겠습니다.

"삼가 고인의 명복을 빕니다."

말의 뜻 온전히 그대로
그곳에서는 행복하게 지내시기를
오래... 아주 오래 빌겠습니다.

첫 출근날에

■ 2021년 9월 27일

보조 밧줄 없이 작업용 밧줄 하나에만 의지해 아파트 외벽 유리창을 청소하던 20대 청년이 밧줄이 끊겨 15층 높이에서 떨어졌고, 인근 병원으로 옮겼지만 결국 세상을 떠났다. 기사를 보는 순간의 그 먹먹함은 어떤 글과 그림으로도 표현이 안 되지만, 어떻게든 그리고 쓰는 것이 내가 할 수 있는 최선이라고 생각하며 작업했다.

그 나이를
그 가난을
그 어찌할 수 없는 선택을

먼저 경험했고
운 좋게 살아남았지만
아무것도 바꾸지 못하고 외면한
인생 선배라 정말 미안한 마음뿐이다.

높이 1

■ 2021년 9월 29일

아파트 외벽 청소 중 숨진 청년 소식과 비슷한 시기에 유명 정치인의 젊은 아들의 고액 퇴직금이 논란이 되었다. 20대가 7년을 일하고 50억의 퇴직금을 받을 확률이 얼마나 될까. 이것이 정말 얼마나 열심히 했느냐의 문제일까? 이 비극의 원인은 이런 말도 안 되는 일이 누군가의 자식이라는 이유로 버젓이 일어나고 있는 이 사회 자체다.

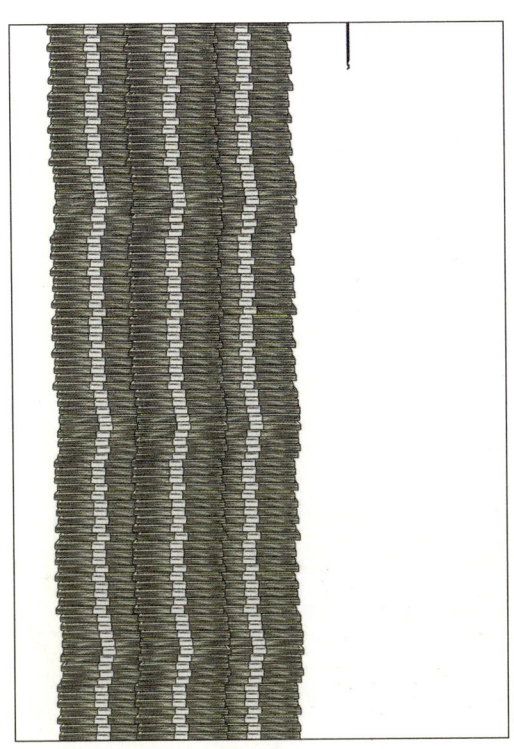

높이 2

■ 2021년 9월 30일

50억을 퇴직금으로 받은 젊은이는 돈이 돈을 낳으면서 평생 돈 걱정 없이 살겠지만, 아파트 외벽을 청소하며 최선을 다해 살던 또 다른 젊은이는 이제 이 세상에 없다. 별개인 두 개의 사건이 하나로 겹쳐지니 먹먹함을 넘어선 갑갑함이 느껴진다. 이 피라미드의 바닥에 사는 우리는 앞으로 어찌 살아가야 할까.

이젠 아무렇지 않게 먹을 자신이 없습니다.

붉은 빵

■ 2022년 10월 18일

빵을 만드는 대기업 공장에서 사고가 났다.

제빵 기계에 말려 들어간 옷자락에 딸려 기계에 몸이 끼인 한 직원이 많은 피를 흘리며 안타깝게 세상을 떠났다. 하지만 기업은 멈추지 않고 작업할 것을 지시했고, 직원들은 사고 현장을 천으로 대충 가린 채 다른 생산공정에 곧바로 투입되었다. 그렇게 만들어진 빵이 유통되어 그 사실을 모르는 누군가의 입으로 들어간다는 상상을 하니 등골이 오싹했다. 앞으로는 이 회사의 제품을 아무렇지 않게 먹을 자신이 없어서 펜을 들고 그림을 그렸다.

사건이 공론화되고 국민들의 분노가 거세지자, 회사는 '대국민 사과 및 재발 방지 대책'을 발표하였다. 하지만 진정성이 느껴지지 않았을뿐더러, 질의응답도 받지 않는 등 필요에 의해 어쩔 수 없었던 억지 사과로만 보였다.

사람들은 그 회사의 제품을 불매하기로 했다.
그리고 지금도 꾸준하게 이어가는 사람들이 있다.

스물아홉

■ 2023년 7월 29일

　폭염주의보 상황에 하루 20km 이상을 걸으며 무거운 카트를 나르던 스물아홉 살 청년이 쓰러진 채로 발견되었다. 동료들이 심폐소생술을 하고 구급차가 출동했지만, 결국 청년은 세상을 떠났다.
　현행법상에서는 사업장에서 사망자가 발생하면 지체 없이 관할 노동청에 신고해야 하는데 무슨 의도인지 회사는 다음 날 오전이 되어서야 신고했다. 사람의 생명보다, 정해진 법보다 돈을 벌고 손해 보지 않는 방법을 찾는 것이 우선한다는 뜻이 아닐까.

　기업이 이윤을 챙기는 것은 당연한 일이지만 그만큼 노동자의 생계와 안전 또한 중요하게 여겨야 한다. 실제로는 얼마나 지켜지고 있는가. 결국 그 간극에서 희생되는 것은 언제나 젊은 노동자들의 건강과 생명이다. 용돈을 벌기 위해 일용직 아르바이트를 하는 젊은이들은 초년생이라는 이유로 제대로 된 정보와 처우를 제공받지 못한다. 그래서 그들의 사고 소식은 더 안타까움을 더한다.

　사고가 반복되니 사람들 마음이 무뎌진다.
　그래서 나는 그 무뎌짐을 조금이라도 늦추기 위해 그림을 그린다.

A Few Bad Men

■ 2024년 6월 22일

이 정부에서 일어나는 거의 모든 사건 사고는 마치 정해진 매뉴얼이라도 있는 것처럼 실체를 감추고 축소하다가 흐지부지 사람들의 뇌리에서 잊히게 만든다. 이번 사건도 다르지 않았다. 폭우 속에서 실종자를 수색하던 해병대 소속 일등병이 급류에 휩쓸려 실종되었다가 14시간 만에 사망한 채 발견되었는데, 책임소재 없이 일주일 만에 자체 수사가 종료되었다. 그 사이 장병에게 구명조끼 없이 붉은색 해병대 체육복을 입으라 지시하고, 급류로 들어가게 했던 지휘관을 지키기 위해, 장관이 갑자기 먼 나라의 대사로 임명되어 도망가고, 엄청난 권력자로부터 외압이 들어온다.

그럼에도 용기 있는 사람들에 의해 진실이 조금씩 밝혀지고 있다. 진실은 밝히는 것이 어려운 만큼, 쉽게 사라지지도 않기 때문이다. 대통령이 거부권을 행사하고, 진실 규명 특별법이 두 번이나 부결되었지만, 국민은 사건의 진실과 책임자 처벌을 원하기에 국회에서도 다시 발의를 준비하고 있다.

소수의 악인이 자기들의 이익만을 위해 살고, 국민을 희생시키며 잘만 사는 것 같아 답답해도, 물방울이 언젠가는 바윗돌을 깨듯 저지른 잘못만큼 제대로 죗값을 받는 그날을 꼭 맞이해야만 한다.

오늘은 이런 날이었어야 합니다.

오늘은

■ 2024년 9월 26일

"엄마, 저 전역했어요."

꼭 끌어안고 전역 소식을 알리자, 엄마는 기쁨의 눈물을 흘리며 아들의 등을 어루만진다. 가족 모두가 웃으며 전역을 축하한다.

이날은 원래 이랬어야 하는 날이지만 그렇지 못했다. 채상병의 어머니는 전역일을 하루 앞두고 아들을 향한 편지에 "힘도 없고 내세울 것 없는 엄마지만, 진실이 밝혀지길 꼭 지켜봐 달라. 그것만이 엄마가 살아갈 수 있고, 그나마 살아야 할 이유"라고 심정을 전했지만, 저들의 세상은 미동도 하지 않는다.

그러던 어느 날, 변화가 시작됐다. 아무도 상상하지 못한 계엄을 선포한 대통령은 스스로를 탄핵의 위기로 몰아넣었고, 채상병의 순직 사건을 수사하다가 항명 및 상관 명예훼손 혐의로 재판을 받던 해병대 수사단장은 1심 선고공판에서 무죄를 선고받았다. 저들의 세상에 금이 간 것이다.

진실이 밝혀지려면 아직 갈 길이 멀지만, 채상병의 어머니는 포기하지 않으실 것을 안다. 그 험난한 길을 더 많은 사람이 함께 걸으며 힘이 되어 주면 좋겠다.

부디 한 분이라도 더

■ 2024년 12월 29일

　공항에서 사고가 났다고 하길래 나중에 단신 뉴스에서 볼 소소한 사고이고 승객들은 무사히 탈출했을 거라고 막연히 생각하면서 컴퓨터를 켜고 인터넷 창을 여는 순간 뭔가 잘못되었다는 것을 깨달았다.

　[속보] 무안공항에서 181명 태운 항공기 추락…

　이 기사를 보는 순간 세월호가 떠올랐다. 이태원이 떠올랐다.
　속보를 확인할 때마다 사상자의 숫자가 늘어가는 상황에서, 내가 할 수 있는 것이 기도뿐인 현실이 안타까웠다. 그 안타까움은 금방 원망이 되었고 오래 지나지 않아 분노로 변했다. 특별한 대상이 있는 것은 아니지만, 지금의 이 현실에 분노하지 않고서는 도저히 참을 수가 없었다.
　분노를 누그러뜨리기 위해 펜을 들어 그림을 그렸다.
　마음을 꾹꾹 누르며 더는 분노하지 않기 위해 그린 그림.
　등장인물의 양 팔에는 세월호와 이태원을 추모하는 팔찌를 끼워 더 이상 같은 참사가 일어나지 않기를 바라는 마음을 담았다. 할 수 있는 것이 기도뿐이고, 그저 화내는 것보다는 조금이라도 나은 방법이라면 이 그림을 통해 한 사람의 마음이라도 더 모이기를 바라면서.

나라가 정한 애도 기간은 끝났지만,
우리의 애도는 계속 이어가겠습니다.

애도

■ 2025년 1월 6일

　대통령 권한대행이 이번 참사와 관련하여 7일간의 국가애도기간을 정했고, 그 기간이 끝났다. 나라에서 정한 기간이 끝났다고 해서 애도도 끝나야 하는 것은 아니다.
　애도는 언제까지 해야 할까.
　그리고 이런 참사가 벌어진 다음에 우리는 어떻게 해야 할까.

　몇 번의 국가적 참사를 경험하면서 깨달은 것이 있다.
　가만히 시키는대로만 하면 안되고, 스스로 생각하면서 길을 찾아야 한다는 것. 그리고 그 길을 가는 것은 절대 쉬운 일이 아니라는 것. 무사히 그 길의 끝에 가기 위해서는 모두의 관심이 있어야 한다는 것.

　처음 사고가 났을 때 할 수 있는 것이 기도 뿐이었다면, 이제부터 우리가 할 일은 잊지 않고 함께 하는 거다. 기억하는 것. 그것이 진정한 애도라고 생각한다. 참사의 진실이 밝혀지고, 재발 방지를 위한 노력이 계속되고. 유가족이 받아들일 수 있을 때까지 우리들의 애도를 계속 이어가자.

아무도 책임지지 않는 나라
■ 2023년 7월 17일

이렇게 되지 않기를 기도하며 그렸던 그림이 점점 현실이 된다. 사건 사고는 늘어나는데, 제대로 수습되는 모습이 보이지 않는다. 기억하고, 목소리 높여 추모하고, 진실을 찾아야 하는 일들이 점점 쌓여만 간다.

정말 이렇게 될까 봐…
정말 이렇게 되고 있어서…
두렵고,
무섭고,
슬프다.

그럼에도 불구하고, 그렇기 때문에 우리는 저항한다.

촛불을 들고, 피켓을 만들고, 목청을 높인다. 노래를 부르고, 그림을 그리고, 춤을 추며 절규한다. 나라가 책임지지 않는다면 우리가 목소리를 내야지. 부끄러운 나라가 되지 않도록 뭐라도 해야지. 국민마저 지쳐서 포기하지 않도록 할 수 있는 일을 찾아서 하고 또 해야지. 그런 나의 마음이 당신의 마음이고, 당신의 행동이 나의 행동이다.

다 안다. 그러니 함께 웃고 울며 발버둥을 쳐보자.

제5장
떠나보내는 마음

노회찬

■ 2018년 7월 23일

백분 토론을 시청하던 어느 날, 방송이 끝날 무렵 앵커의 마무리 멘트 후 화면이 잠시 노회찬 의원을 비췄는데 쑥스러운 표정을 짓더니 손으로 브이를 그리며 웃는 그를 보았다. 그건 정치인이 아닌 보통 사람의 포즈였고, 그 모습을 본 순간부터 그를 좋아하지 않을 수 없었다. 하늘의 별처럼 느껴지던 정치인이라는 존재가 우리와 같은 사람이라는 것을 깨닫게 해 준 첫 사람.

평생을 노동자와 힘든 이들의 친구였던 그가 어느 날 갑자기 세상을 떠났다. 많은 이들이 고인의 명복을 빌었고, 앞으로의 정치에 대한 여러 예측과 함께 말도 안 되는 현실에 분노를 표했다. 하지만 일부는 그 죽음을 희화화하는 글을 인터넷에 올렸다.

유명 정치인이기 이전에 한 사람의 큰 죽음이라 최소한 오늘만큼은 정치적 예측과 상상과 분노 대신 온전히 그를 애도하기 위해 편의점에서 소주를 한 병 샀다. 하지만 밤을 새워 마쳐야 할 일 때문에 마실 수가 없었다. 이것이 노동자의 삶이고, 그는 이런 노동자들이 잘살게 하려고 더 낮은 곳에서 함께 하는 이였다.

그를 어이없이 떠나보내야 하는 현실이 너무 서글프다.
너무 슬프고, 너무 아프다.

구하라

■ 2019년 11월 24일

　달리기를 잘해서 반한 연예인이 두 명 있었는데, 한 명은 드라마 '나의 아저씨' 속 주인공 이지안(아이유), 다른 한 명은 그룹 카라(KARA)의 멤버 구하라였다. TV에 나오는 선남선녀들은 자기들만의 세상에서 남부러울 일 없이 행복하게 살거라 생각했는데, 작고 가녀린 이가 악바리처럼 뛰는 모습을 보며 뭔지 모를 이질감을 느끼면서도 주먹을 꽉 쥔 채 전력 질주하는 모습에 반해 응원했다.

　아이돌 활동할 때는 잘 달려서 반했고, 예능에 나올 때는 수수해서 좋았으며, 짧은 인생의 마지막엔 애달파서 더 마음이 갔던 이.
　소속된 그룹이 해체된 이후로는 막연히 잘 거라고 넘겨짚었었는데, 많은 부침 끝에 쓸쓸하게 세상을 떠났다는 소식이 들렸다. 더 마음이 아팠던 것은 20년이 넘도록 연락이 없던 친모가 갑자기 나타나 자기 몫의 유산을 가져가겠다는 황당한 소식 때문이었다. 힘들 때, 든든한 버팀목이 되어주어야 할 부모가 죽은 자식의 돈이 탐하며 나타나다니.
　많은 이들의 분노와 노력으로 현행 민법 상속법의 개정을 촉구하였고, 일명 '구하라법'이 우여곡절 끝에 제22대 국회에서 재발의될 예정이라고 하니 2026년부터는 반드시 시행되기를 간절히 바란다.

　　맞는 일 없이, 욕먹는 일 없이, 두려워할 일 없이,
　　아침에 눈 뜨는 것이 괴롭다고 생각하는 일 없이,
　　좋아하는 운동을 즐겁게 할 수 있으면 좋겠어요.

　　　　그곳에서는 부디 그리했으면 좋겠어요.

최숙현

■ 2020년 6월 26일

엄마에게 그 사람들의 죄를 밝혀달라는 메시지를 남긴 22세의 젊은 트라이애슬론 선수가 세상을 떠났다. 소속 팀에서 우월한 지위에 있던 이들이 같은 소속 선수에게 지속적으로 폭행과 가혹행위를 했다. 이를 견디다 못한 선수가 소속 시청, 검찰, 경찰, 대한체육회, 대한철인3종협회, 국가인권위원회 등 관련기관 여섯 곳에 도움을 청했지만, 적절한 지원을 받지 못하다 결국 극단적인 선택을 했던 안타까운 사건이다.

이후, 선수를 폭행한 지도자 처벌을 강화하는 개정 국민체육진흥법(일명 최숙현법)을 제정되었고, 업무상 질병에 의한 사망으로 인정되어 스포츠계에서 처음으로 산업재해로 인정받았으며, 재판을 통해 당시 소속팀 감독, 주장, 선수, 및 무면허 주치의까지 벌을 받았으나, 사과와 보상을 받아야 하는 이는 이미 이곳에 없다.

박원순

■ 2020년 7월 9일

시민과 가장 가까웠던 시장.

그에 대한 나의 평가다. 인권변호사이자 사회 활동가로 여러 사회단체에서 유의미한 활동을 하다가 2011년 보궐 선거를 통해 서울 시장이 되었다. 무상급식과 반값 등록금을 시작으로 서울시의 구별 동별 사업의 확장을 통해 많은 정책이 만들어졌다. 지역 기반 시민 참여 활동이 늘어났고 맞춤형 정책이 늘어났으며, 서울시의 유의미한 활동들을 타지역에서도 벤치마킹하여 우리나라에 풀뿌리 민주주의가 자리잡을 수 있도록 힘썼다. 하다못해 촛불시위가 열릴 때, 주변 건물의 화장실 사용을 가능하게 했던 것도 지금은 너무 당연하지만 당시에는 매우 놀라운 일 중 하나였다.

서울 시장이 대단한 자리라는 것은 진작부터 알고 있었어도 이렇게 많은 것을 할 수 있는 자리라는 것을 박원순 시장의 재임 중에 알게 되었고, 그동안은 할 수 있는 자리에 있던 사람들이 하지 않았다는 것 또한 함께 깨달았다.

그런 그가 떠나갔다. 죽음 전후의 사건은 개인이 첨언할 부분이 아니니 말을 아낀다. 하지만 지금 서울시의 사건, 사고, 재해 대응, 행정의 수준을 보면 볼수록 뛰어난 행정가인 박원순이 그리워진다.

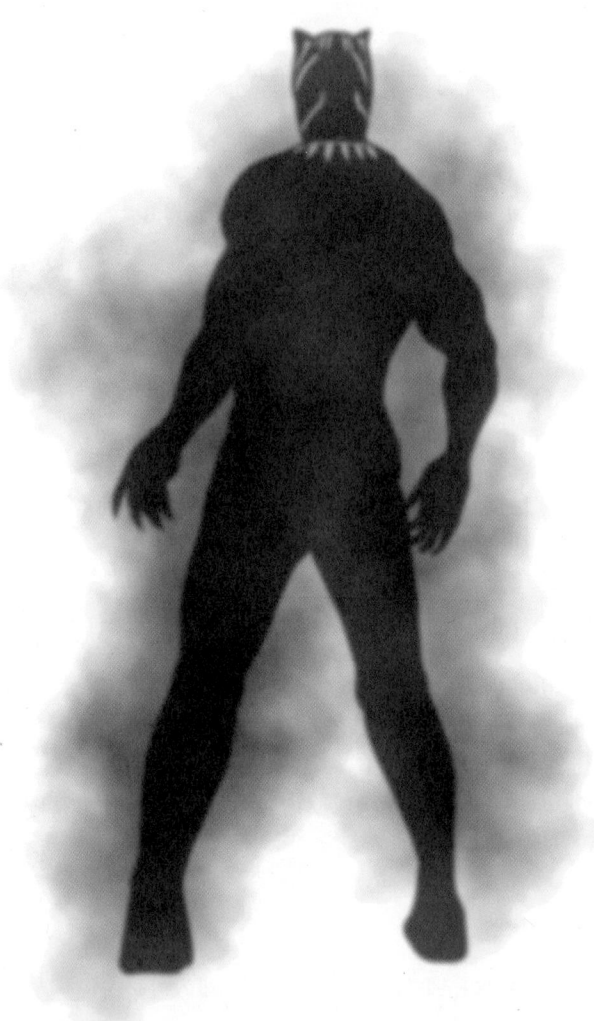

Rest In Peace
Chadwick Boseman

채드윅 보스만

■ 2020년 8월 28일

외신에서 들려온 갑작스러운 그의 죽음.

어쩌면 나를 포함한 많은 사람들이 히어로라면 암 정도는 가볍게 이겨낼 수 있을 거로 생각했을지 모른다. 그는 할리우드의 영화배우 이전에 와칸다의 수호신 '블랙팬서'로 기억되는 사람이니까.

지금은 많이 시들었어도 '어벤져스 엔드게임'까지 MCU(마블 시네마틱 유니버스)의 인기는 전 세계 영화 팬들에게 선물 상자나 다름없었다. 그 인기의 중심에 있는 캐릭터는 '아이언맨'과 '캡틴 아메리카'를 꼽겠지만, 단순한 인기 이상의 의미를 가진 인물이 '블랙팬서'를 연기한 채드윅 보스만이다. 영화를 통해 현시대 아프리카계 미국인의 상징이 되었던 이가 바로 그다.

한 사람의 예술인이 그 예술의 한계를 뛰어넘어 하나의 큰 상징이 된다는 것을 생각해본다. 쉽지 않은 그 일을 해낸 대단한 한 사람이 오늘 사라진 것이다. 예술인 동료를 떠나보내는 마음으로 나도 가슴 앞에 주먹을 겹치며 나지막이 외친다.

"와칸다 포에버"

박지선

■ 2020년 11월 2일

가끔 한 번도 본 적이 없는 TV 속 사람이 남 같지 않게 느껴질 때가 있다. 연예인이지만 연예인 같지 않은. 부끄러움이 많고, 선하고, 잘 웃는. 그런 희극인 박지선 씨가 내 여동생과 많이 닮았다는 생각이 들어서 더 잘되기를 응원했었다.

잘했고, 잘 되어, 많이 알려져서 잘살고 있을 것으로 여기던 이의 부고 소식을 듣고, 이 허망함을 어떻게 표현해야 할지 한참 고민했다. 우리를 웃음으로 행복하게 해주던 이는 보이지 않는 어느 부분에서 행복하지 않았었나 보다.

언론과 유튜버들은 이때다 싶은지 진실을 밝히거나 고인을 위해서가 아닌 오직 자신들의 이득과 조회수를 위해 자극적인 이야기로 고인의 명예를 훼손했다. 그런 나쁜 인간들에게 휘둘리지 않도록 어떻게 그려 추모할지 한참을 고민하다가 다른 때와 조금 다른 스타일로 그림을 완성했다.

최대한 귀엽게, 최대한 행복하게,
최대한 사랑받은 느낌을 담아,
늘 평안한 웃음 짓기를 바라면서.

백기완

■ 2021년 2월 15일

　초등학교 때 할아버지의 손을 잡고 갔던 여의도 광장 유세 현장에서 목이 쉬도록 "가자! 백기완과 함께 민중의 시대로!"를 외치는 젊은 청년들을 만났다. 수십 년이 지난 지금도 그들의 목소리는 뜨거운 청량함으로 기억되고 있다.

실제로 선생님과는 몇몇 현장에서 멀리서 보았던 기억까지 포함해도 아주 미미할 뿐인 만남이었지만, 노나메기 세상을 꿈꾸던 노동자의 벗이 먼 길을 떠나셨다는 소식을 듣고서 말로는 표현 못 할 정도로 마음의 구멍이 파이는 느낌을 받았다.

"광주 시민 여러분,
지금 우리 형제자매들이 죽어가고 있습니다.
여러분들이 도청으로 나오셔서
우리 형제자매들을 살려주십시오."

전옥주

■ 2021년 2월 16일

만약 그날, 그 시간, 그 공간에 내가 있었다면 그들처럼 용기를 내어 무언가를 할 수 있었을까를 아주 가끔 스스로에게 묻곤 한다. 생각 끝에 나온 답은 그때마다 달랐다. 당연히 그러겠다고 답할 때도 있지만, 겁먹고 이불을 뒤집어쓴 채 숨어있을 거라는 답이 나오기도 한다. 그만큼 상상만으로도 쉽지 않은 일이니까.

그렇게 절망적이고 위험한 상황에서도 앞장서서 목소리 내는 사람도 있다. 남들보다 뛰어나고 용기 있는 사람이 할 수 있는 일이라 생각했던 적도 있지만, 이젠 생각이 바뀌었다. 나와 다르지 않았을 보통 사람이 두려움을 간신이 떨쳐내면서 가까스로 한두 방울의 용기를 더 짜낸 것이 아니었을지.

항쟁의 기간에 가두방송으로 헌혈과 참여를 독려하면서 얼마나 무서웠을까. 어떻게 끝나더라도 순탄치 않을 앞으로의 삶도 걱정 가득했을 텐데. 그럼에도 불구하고 용기를 내 앞선 이들이 있었기에 지금의 우리가 있다. 이제 우리가 할 일은 먼저 걸어간 선배님들에게 누가 되지 않을 길을 가는 것이고, 더 나은 세상을 만들기 위해 용기를 내서 앞으로 나아가는 것이다.

그곳에서는
있는 그대로의 그대들로
행복하기를 기도하겠습니다.
삼가 고인의 명복을 빕니다.

김기홍, 변희수

■ 2021년 2월 24일 / 2021년 3월 3일

제주의 성소수자 인권운동가 김기홍 선생.
성전환 수술 후 강제 전역당했던 변희수 하사.
며칠 사이로 두 분의 안타까운 소식이 연이어 들렸다.

나를 나로 인정받지 못하는 세상에 저항하던 용감한 이들이 절망이라는 벽에 가로막혀 극단적인 선택을 했다. 이들이 다수였으면 일어나지 않을 비극이기에, 이 죽음은 이들의 탓이 아니다. 아직도 동성애라는 말에 눈살을 찌푸리고, 퀴어 축제의 반대편에서는 맞불집회가 열리고 있는 세상 탓이다.

세상은 변하고 예전에 비해 많은 것이 달라지고 있지만, 무척이나 더딘 것 또한 사실이다. 그 변화의 속도가 빨라질수록 이런 비극이 일어날 확률이 더 줄어든다. 변희수 하사는 사망 3년 3개월 만인 2024년 6월에 국립대전현충원에 안장되었다. 작은 변화. 하지만 국방부와 육군본부의 진심 어린 사죄가 있어야만 제대로 된 변화라고 말할 수 있지 않을까.

누구라도 있는 그대로 인정받는 것이 당연한 세상.
더 많은 이들이 살아서 맞이하는 세상이기를 바란다.

J씨

■ 2021년 3월 27일

코로나19가 기승이던 2020년 겨울, 어머니와 함께 행주산성 근처 둘레길을 산책하던 21세 발달장애인 J씨가 실종되었고, 90여 일이 지나서야 싸늘한 시신으로 발견되었다.

J씨는 갑작스러운 팬데믹 상황을 온전히 이해하지 못했다. 갑갑한 마스크를 왜 써야 하는지 모르기 때문에 걸리적거리는 마스크를 벗기 일쑤였고, 첫 코로나 검사의 고통을 겪은 이후에는 검사를 완강히 거부하였다. 더는 복지관 등의 지원 서비스를 받을 수 없게 된 J씨에 대한 돌봄은 유일한 가족이었던 어머니의 몫이 되었다. 답답한 집에만 있다가 겨우 찾아낸 숨 쉴 공간이 바로 이 둘레길이었는데, 날벼락 같은 사고가 생긴 것이다.

코로나19 팬데믹은 모두에게 고통을 주었지만, 이런 발달장애인과 가족을 비롯한 사회의 여러 취약 계층에게는 몇 배의 충격으로 다가올 수밖에 없다. 비극이 재발하지 않도록 사회적 안전망이 더욱 촘촘해져야 하는데, 이는 돈과 법으로만 해결되는 것이 아니라 주변을 돌아볼 수 있는 관심과 마음이 함께여야만 가능하다. 이제 J씨는 돌아오지 못하지만, 제2, 제3의 J씨 사건이 일어난 다음 후회하는 일만큼은 다시는 만들지 말자.

이젠 아픔 없는 곳에서 마음껏 달리세요.
삼가 고인의 명복을 빕니다.

유상철

■ 2021년 6월 7일

2002년 한일 월드컵은 그 시대를 살았던 대한민국 국민에게는 선물 같은 시간이었고, 경기에서 활약한 선수들은 우리 모두의 영웅이었다. 선수들은 시간이 흐르면서 대한민국을 비롯한 여러 곳에서 선수로, 감독으로, 관계자로 활동하며 명성을 쌓았다. 활동 하나하나가 겉으로 드러나는 사람이 있었고, 보이지 않는 곳에서 꾸준하게 활약하는 사람이 있었는데 유상철 선수는 후자에 가까웠다. 화려하진 않아도 주어진 일에 최선을 다하는 멀티플레이어라 더 마음이 간 선수였다.

선수 생활을 마치고 고등학교 축구팀 감독으로 지도자 커리어를 시작했지만, 이 역시도 쉽지 않았다. 우직하게 가다가 마지막으로 맡은 직책이 2019년 인천 유나이티드의 감독이었다. 팀은 리그 막바지에 겨우 강등권에서 탈출했는데, 그 마지막 경기를 마친 팀 선수와 직원들은 모두 오열하였다. 잔류도 중요했지만, 감독의 건강 상태를 알고 있었기 때문이었다.

다음 날 구단은 공식적으로 유상철 감독의 건강 악화를 발표했고, 얼마 지나지 않아 췌장암 4기를 판정받았다. 힘겨운 항암치료를 받으면서도 팬들과 소통을 이어가며 감독 복귀의 꿈을 키웠지만, 결국 암세포가 전이되어 향년 49세를 일기로 우리의 곁을 떠났다.

김동식

■ 2021년 6월 19일

김동식 소방관은 이천의 한 물류센터 화재로 출동해서 건물 수색 중 화염이 거세지자, 동료를 먼저 내보낸 후 실종되었다가 48시간 만에 숨진 채로 발견되었다.

'First In, Last Out'은 화재나 재난 발생 시 가장 먼저 들어가서 가장 마지막에 나온다는 소방관의 숭고한 정신을 뜻하는 말이다. 말이 쉽지, 세상에 자기 목숨이 아깝지 않은 사람이 어디 있을까. 정말 드물게 자기 목숨보다 다른 이들의 생명을 우선하는 김동식 소방관 같은 이야말로 세상의 진정한 영웅이지만, 우리나라는 그런 영웅에 대한 처우가 좋은 편이 아니다. 그 얼마 전에도 폭염 속에 하루 여섯 번 출동했던 소방관이 사망했다는 소식이 들렸다. 고쳐지지 않고 반복되는 현실에서 우리의 영웅들이 허망한 죽음을 맞이한다.

고맙다는 박수만으로는 모자란다.
제대로 된 지원, 현실적인 처우 개선, 반복되는 사고를 줄일 수 있는 시스템 변화가 있어야 한다. 영웅이 죽지 않고 영웅으로 활약하기 위해서는 우리들의 지속적인 관심과 지원이 필요하다. 그들이 우리를 지키는 것처럼, 이제는 우리가 그들을 지켜야 할 때다.

그곳에서
아이와 함께 행복하길
마음껏 자유롭게 달리시길
삼가 고인의 명복을 빕니다.

서보라미

■ 2021년 7월 9일

　방송에도 자주 나오는 장애에 대한 잘못된 표현 중에 '장애를 극복한…'이라는 말이 있다. 장애는 극복의 대상이 아니므로 틀린 표현인데도 의문 없이 쓰이고 있다. 굳이 비슷한 의미의 말을 써야 한다면 '자신의 한계를 극복한…'이라고 하는 것이 더 알맞은 표현이 아닐까?

　서보라미 선수야말로 그 표현이 어울리는 사람이었다.
　고등학교 3학년 때 지체 장애 1급 판정을 받았음에도, 자신의 한계를 극복하고 국내 최초의 장애인 크로스컨트리 스키 선수로 세 번의 동계 패럴림픽에 참가했다.
　노력과 인내로 쉽지 않았을 길을 가던 그가 심장마비로 세상을 떠났는데, 임신한 상태였다는 소식도 함께 들려왔다. 가족과 함께 앞으로의 행복한 미래를 준비하고 있다가 당한 사고였기에 몇 배는 더 안타까움으로 다가왔다.

　천국이 있다면 그곳에서 하고 싶은 운동을 마음껏 하면서, 아이와 행복하게 살기를 기도했다.

마지막까지 희망을 갖고,
간절한 마음으로 김 대장의 구조와 무사귀환
소식을 국민들과 함께 기다리겠습니다.

김홍빈

■ 2021년 7월 19일

등산을 좋아하는 편은 아니지만, 산에 오르는 목적과 기분을 이해하기에 더 높은 곳을 향해 오르는 이들을 응원한다. 김홍빈 대장은 1991년 동상으로 열 손가락을 모두 잃는 사고를 당했음에도, 이에 굴하지 않고 두 다리만으로 7대륙 최고봉과 히말라야 14좌를 완등한 최초의 장애인 산악인이다.

인간으로서 무한한 가능성의 문을 활짝 열었던 그가 완등을 마치고 하산 도중 실종되었다는 소식이 들렸다. 구조가 진행 중이라는 뉴스가 계속 전해졌지만 정작 구조 소식은 들리지 않았고, 결국은 가족의 요청으로 수색이 중단되면서 이 영웅은 히말라야의 브로드피크에 잠들었다.

여기서 끝났으면 좋았을 것을, 2022년 새로운 정권이 들어서면서 소송이 시작되었다. 김홍빈 대장을 구조하기 위해 사용된 비용을 되돌려 달라는 내용으로, 1심에서 광주산악연맹과 원정대원들이 비용 일부를 나눠 내라는 일부 승소 판결에도 정부는 전액을 돌려받아야겠다며 항소했다.

다행히 22대 국회에서 재외국민이 국위 선양 행위 중에 발생한 사건, 사고로서 그 행위로 '상훈법'에 따른 훈장과 포장을 받은 경우, 국가가 신체, 재산 보호에 드는 비용을 부담할 수 있도록 하는 일명 '김홍빈 대장법'이 재발의되었으니 부디 좋은 결과가 나오기를 바란다.

1958.5.24. - 2011.9.14.

최동원 10주기

■ 2021년 9월 14일

　각 분야에서 굳이 다른 수식어가 없더라도 이름 석 자로 충분한 사람이 있는데, 야구에서 한 사람을 꼽으라면 나(평생을 LG 트윈스의 팬으로 살아왔음에도 불구하고)를 포함한 많은 이들이 당연히 최동원을 꼽을 것이다.

　그는 지금은 상상도 못 할 혹사를 당하면서도 역대급의 기록을 달성한 대선수인 것도 대단하지만, 고액 연봉을 받으면서도 타 구단의 주축 선수들과 함께 선수협의회 창설을 주도하며 야구인의 권리를 주장했던 선구자였다. 비록 그 노력은 실패했고 이후의 삶은 순탄치 않았음에도, 최동원 선수가 진정한 레전드로 기억되는 것은 그런 의미 있는 실패의 시간이 있어서가 아니었을까.

　지인 중에는 최동원 기념사업회에서 열심히 활동했던 이도 있고, 최동원 선수의 다큐멘터리 영화를 찍은 이도 있다. 10년이 지나도 잊히지 않도록 노력하는 이들이 있다는 것은 그만큼 우리에게 큰 의미였다는 것을 뜻한다. 앞으로 이십 년, 삼십 년이 지나도, 아니 시간이 지날수록 더 많은 이들이 기억하는 최동원 선수를 기억한다.

삼가 고인의 명복을 빕니다.

이외수

■ 2022년 4월 25일

나이가 많은 사람 중에는 멋진 글을 써서 존경받는 작가도 있고, 근엄하게 꾸짖으며 명망을 얻는 이도 있지만, 젊은이들과의 소통이 가능한 이는 흔치 않다. 그 흔치 않은 사람 중에 한 자리는 이분의 몫이 아닐까.

글로 말로 인터넷으로 세상과 소통하는 사람.
그래서 나는 그를 '21세기 현인'이라 생각한다.

건강이 좋지 않은 상황에서도 활발하게 활동하셨지만, 팬데믹이라는 거대한 벽을 넘지 못하고 코로나19 이후 폐렴으로 투병 중에 돌아가셨다.
선생이 돌아가시고 수 년이 지난 지금, 나라는 더 흉흉해지고 사람들은 온통 비명을 지르고 있다. 이런 때일수록 선생의 촌철살인 한 마디가 힘이 될 텐데, 너무 빨리 우리의 곁을 떠나셨다.

송해

■ 2022년 6월 8일

내가 어려서도 전국노래자랑의 사회자였고, 중고등학교를 다닐 때도 전국노래자랑의 사회자였으며, 대학에 다니다 뛰쳐나와 만화를 그리고, 결혼하고, 아들을 낳아 기르는 동안에도 그는 전국노래자랑의 사회자였다. 1988년부터 2022년까지 34년 동안, 하나뿐인 아들을 잃고 힘들어했던 몇 달을 제외하면 돌아가시기 한 달 전까지도 그는 전국노래자랑의 사회자였다.

영원한 것은 없음을 다 알면서도 영원할 것만 같았던 전국노래자랑의 사회자가 우리의 곁을 떠났다. 어떤 이별도 아쉽지 않은 이별은 없지만, 시대의 아이콘을 떠나보내는 이별의 아쉬움은 쉽게 메꿔지기 힘들다.

대신 언젠가 내가 세상과 작별하는 날을 상상해 본다. 천국에 도착해서 즐겁게 노래를 부르는 지인의 무리를 만났는데, 그 자리에서 사회자 송해 선생님이 사회를 보고 계신 재미있는 상황을 떠올리며 웃음으로 그를 떠나보낸다.

김정기

■ 2022년 10월 3일

그림이 전문인 작가만이 아니라
그림을 잘 모르는 사람들도 인정하는 천재가
홀연히 세상에 작별을 고했다.

많은 만화가가 선배들의 작품을 따라 그리며 최고의 실력자가 되길 꿈꾼다. 그림을 잘 그리려면 재능과 노력이 적절히 필요한데, 대부분은 둘 중 하나도 갖기 어렵다는 것을 깨닫게 된다. 그다음부터는 생존을 위한 작업을 하게 되면서, 더는 잘 그린 그림을 동경하지 않게 된다. 이상보다 당장의 먹거리가 더 시급한 일이니까. 그러다가도 어느 순간 입이 떡 벌어지는 작품을 보면 어린 시절의 열정을 떠올릴 때가 있는데, 내 경우는 김정기 작가의 작품이 그러했다. 질투나 부러움의 감정은 뛰어넘은 지 오래다. 굳이 표현하자면 내가 그리지 못하는 그림을 그리는 이에 대한 존경심이다.

어딘가 행사장의 먼발치에서 몇 번 본 것이 전부지만 그건 중요하지 않다. 대단하다고 생각했던 작가의 갑작스러운 죽음에 애도의 마음을 담아 이 그림을 그렸다. 다시 한 번 천재 작가의 명복을 빈다.

노옥희

■ 2022년 12월 8일

아프가니스탄의 수도가 함락되면서 구출된 이들이 울산에 터를 마련하고, 이중 초등학생 28명이 한 학교에 배정되었는데, 이를 두고 해당 학교의 일부 학부모들이 '우리 아이들 안전을 보장하라'며 이들의 등교를 반대했다. 이때 노옥희 교육감은 누구를 탓하는 대신, 아프가니스탄 학생들의 첫 등교에 손을 잡고 동행했다. 그리고 교사, 학부모와 함께 다문화 이해를 위한 강의를 진행하며 이해와 설득을 통한 공존을 위한 길을 모색했다.

노옥희는 울산광역시 최초의 진보 교육감이자 여성 교육감이었다. 한 명의 아이도 포기하지 않겠다는 교육감의 의지는 전국 최하위 수준 울산의 무상 급식률을 재임 동안 전국 최고 수준으로 올리고, 고등학교 무상교육이라는 성과도 함께 만들었다.

노옥희 교육감의 사고 소식을 듣고 울산의 여러 지인이 안타까워했다. 인간 노옥희의 부재와 함께 불모지에서 힘들게 이룩했던 교육감의 의지를 잇기 위해 노옥희 교육감의 배우자였던 천창수 씨가 차기 교육감 후보가 되었고, 결국 당선되었다. 이는 천 교육감이 배우자 이전에 교육관을 공유하는 정치적 동지임을 울산 시민들이 인정한 결과라고 생각한다.

이우영

■ 2023년 3월 11일

대한민국 사람이라면 누구나 한번은 들어봤을 만화 '검정 고무신'을 그린 이우영 작가는 저작권과 관련하여 출판사와 수년간 소송을 하던 중 생을 마감했다.

개인 대 회사의 싸움이었고, 회사에 유리한 계약서가 존재했기 때문에 아주 힘겨운 싸움이었다. 작가가 자기의 작품을 사용할 수 없다는 것은 상식적으로 말이 안 되지만, 법과 계약의 영역에서는 그 말도 안 되는 일이 가능했다. 오랫동안 회사와 싸우고 있다는 소식을 들었어도 힘내라는 응원 정도가 주변인들이 할 수 있는 최선이었고, 모든 짐은 작가와 가족의 몫이었다. 그러던 중 일어난 비극이다.

작가의 사후에야 큰 변화가 있었다. 여러 작가가 참여하는 대책위원회가 만들어졌고, 언론과 정계의 관심이 쏟아졌다. 문화체육관광부에서는 불공정 계약과 관련하여 시정 명령이 떨어졌고, 한국저작권위원회에서는 직권으로 '검정 고무신'의 저작권 등록을 말소하여 저작권을 창작자에게 귀속했다. 하지만 1심 소송은 원만한 결과가 나오지 않았고, 재판은 계속 진행 중이다. 비록 만시지탄이지만, 작가의 저작권이 제대로 인정받는 선례로 만들어지길 바란다.

이선균

■ 2023년 12월 27일

  손가락질당하던 배우가 세상을 등진 다음에야 사람들의 손과 혀가 멈췄다. 그제야 어떤 이는 섣부른 판단을 했다며 눈물을 흘렸고, 또 어떤 이는 앞으로 한쪽 말만 듣고 판단하지 않겠다고 다짐했지만, 그들은 여전히 여러 방송에 나와 누군가를 향해 전과 다르지 않은 상처의 말을 내뱉는다.

  노무현 대통령이 떠올랐다. 당시 사람들은 이게 다 노무현 때문이라는 농담을 아무렇지 않게 던졌고, 어떤 성직자는 시계나 찾으러 가자는 사설을 거리낌 없이 써 올렸다. 그리고 다음 날 대통령의 서거 소식이 들리자, 누가 그랬냐는 듯이 입을 싹 닫았다.

  인생은 외력과 내력의 싸움이라지만 그 외력이 어찌할 수 없을 만큼 거대하고 폭력적이라면 주변 사람들이 함께 내력이 되어주면 좋겠는데, 대부분은 외력에 동조한다. 그편이 쉽고, 편하고. 생각하지 않아도 되고, 고민할 필요도 없으니까. 무엇보다 내가 당하는 일이 아니니까.

  그래도 우리는 그렇지 않으려는 끊임없는 노력을 했으면 좋겠다. 적어도 같은 실수를 반복하지 않는 사람이 되면 좋겠다.

  "안녕, 나의 아저씨."

김민기

■ 2024년 7월 21일

누군가를 표현할 때,

가끔 얼굴 대신 등을 그리는 경우가 있는데,

얼굴을 잘 그리지 못해서도 그렇지만,

뒷모습에서 더 많은 것을 보여주는 사람이 가끔 있다.

그런 사람은 굳이 얼굴 대신 그를 더 잘 나타내는 것으로 표현한다.

이 사람도 등으로 말하는 이다.

뒷것 김민기.

더 보탤 말이 없는 이가 우리의 곁을 떠났다.

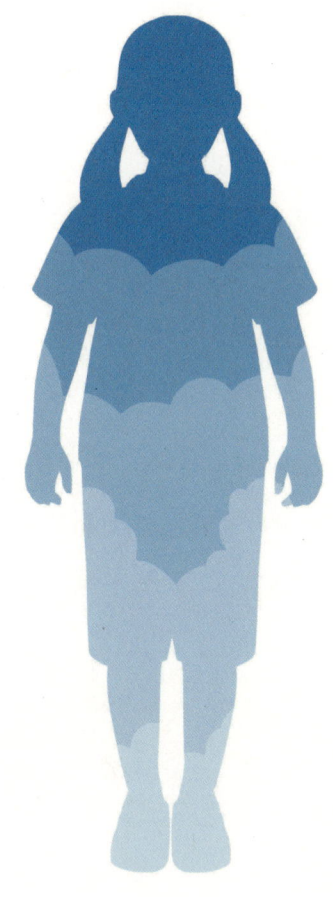

'하늘아 예쁜 별로 가'

김하늘

■ 2025년 2월 10일

2017년 10월 22일에 태어난 8살 하늘이가 하늘나라에 갔다.
가장 안전해야 할 곳에서 가장 믿어야 할 사람 때문에.
하고 싶은 말은 한가득인데 아무런 말도 할 수가 없다.
그저 슬퍼할 뿐이다.

하늘이 아버지의 인터뷰를 눈물로 읽었다.
인터뷰 말미에 다음과 같은 부탁의 말을 했다.

"정말 죄송하지만 가능하시다면 마지막 글에는 '하늘아 예쁜 별로 가' 이런 좀 추모의 글을 하나씩 써주셨으면 합니다. 하늘이 이름 나가도 됩니다. 2017년 10월 22일생이에요."

그래서 하고 싶은 말 대신 용기 내어 펜을 들었다.
얼굴은 안된다는 부탁이 있어 일부러 하늘이의 얼굴을 찾지 않았다.
너무 과장하지도 말고, 너무 침울하지도 않게 표현하려고 노력했다.
마음이 전해져서일까 많은 이들이 추모의 마음을 담아 작품을 공유했다.
이런 마음이 더 많이 모여 저 하늘 어딘가의 예쁜 별에 있을 하늘이에게 꼭 전해졌으면 좋겠다.

제6장

빛나는 마음

남태령 대첩

■ 2024년 12월 23일

 정치인 개인의 이득을 위해 국민을 이간질시키고 서로를 혐오하게 만드는 절망적인 현실 속에서 생각지도 못한 방식으로 생각지도 못했던 마음들이 만났다. 젊은이와 노인이 손을 잡고 남성과 여성이 마음을 모아 완성된 소중한 순간이다. 마음이 이어지는 순간부터 변화는 필연적이다. 역사에 길이 남을 빛의 혁명의 전환점은 이 날, 이 밤, 이곳 남태령이라고 많은 사람이 기억할 것이다.

 그 기적의 밤을 함께했던 전국농민회총연맹 의장님의 말씀이 나의 마음과 다르지 않아 그 중 일부를 담아본다.

"여러분! 역사는 지난 이틀을 '남태령 대첩'으로 기록할 것입니다. 그저 이겼기 때문만이 아닙니다. 혐오와 차별 속에 주류사회에서 배제되어 온 여성, 성소수자, 청소년, 노인, 도시빈민, 농민이 만든 승리였기 때문입니다. 성별도 세대도 지향도 직업도 다른 이들이 하나로 연결되어, 연대를 넘은 '대동의 남태령'을 열어냈기 때문입니다.

여러분! 고맙습니다. 고맙고 또 고맙습니다. 2024년 겨울을 잊지 않겠습니다. 모아주신 마음을 잊지 않겠습니다. 연대의 힘을, 대동의 힘을 잊지 않겠습니다."

예수님은 어디에

■ 2024년 12월 24일

정말 저기에 예수님이 계실까?

거대화되고 기업화된 일부 교회를 보면서 스스로에게 질문해 보지만, 아무리 저들이 입에서 단내날 때까지 '할렐루야'를 외친다고 해도, 내가 아는 예수님은 그런 곳에 계실 리가 없다. 이 겨울 예수님은 국회의사당 앞 삼삼오오 모인 수많은 인파 속 어딘가에 계실 거라고 확신한다. 성경 속 예수님은 가장 가난하고 외면당하는 이들과 함께 계셨고, 언제나 그들의 편에 섰으니까.

얼어붙은 저 하늘 얼어붙은 저 벌판

태양도 빛을 잃어 아 캄캄한 저 가난의 거리

어디에서 왔나 얼굴 여윈 사람들

무얼 찾아 헤매이나 저 눈 저 메마른 손길

오 주여 이제는 여기에 오 주여 이제는 여기에

오 주여 이제는 여기에 여기에 우리와 함께

오 주여 이제는 여기에 오 주여 이제는 여기에

오 주여 이제는 여기에 우리와 함께 하소서

(김민기 작사작곡 '금관의 예수')

고맙습니다 미안합니다 응원합니다

■ 2025년 1월 5일

자고 일어났더니 눈이 쌓여있었다.

혹시나 하는 마음으로 컴퓨터를 켜고 확인했는데 이런 악천후 속에서도 한남동의 민주시민들은 밤새 눈을 맞으며 자리를 지켰다. 따뜻한 이불 속에서 편히 잠을 잔 내 자신이 너무 부끄러워 뭐라도 하지 않을 수가 없었다.

펜을 들어 그림을 그렸다. 그저 고맙고, 그저 미안해서, 응원한다는 한마디 말고는 다른 말을 더할 수 없었다. 그렇게 완성된 그림이다.

완성된 그림을 본 아내가 '왜 앞에서 응원봉을 신나게 흔드는 사람이 아니라, 뒤에 고개 숙인 사람을 그렸어?'라고 질문하더니 이내 질문에 스스로 답을 내리며 말을 이었다. '맞아. 당신은 그런 사람이었지.' 그림의 마음이 아내에게 닿은 것 같아 다행이라는 생각을 했다.

그림을 그리는 동안 나의 마음이 많은 사람들에게 닿았다. 그리고 그 마음이 다시 커져서 한남동을 지키는 민주 시민들이 자리를 지키는 에너지가 될 것이다. 이런 선순환에서 작은 역할을 한 것은 소중한 기쁨이 되었다.

한남동의 피에타

　오늘 아침 눈뜨고 마주한 눈내린 한남동은 찬란한 슬픔 그 자체였다. 새벽녘 내린 눈으로 하얗게 빛나는 사람들 사이로 환하게 웃는 여성은 비현실적이었다. 그리고 그녀 바로 그 뒤에 죽은듯 앉아있는 이로부터 받은 감정은 뭐라 표현할 길이 없었는데 이정헌 작가의 작품을 보는 순간 바로 이것이었구나, 짧은 탄식이 흘러나왔다. 그뿐이겠는가, 피흘리는 민주주의, 아사 직전의 조국을 끌어안고 굳세게 앉아있는 수많은 피에타들. 순간, '여성이 세계를 구원하리라'는 말이 떠올랐다.

> "나의 작품 행위에는 목적이 있다.
> 구제받을 길 없는 자들,
> 상담도 변호도 받을 수 없는 사람들,
> 정말 도움을 필요로 하는 이 시대의 인간들을 위해
> 한가닥의 책임과 역할을 담당하려 한다."

라고 말한 케테 콜비츠는 항상 사회적 약자들에게 눈이 닿아 있었다. 가난한 농민과 핍박받는 노동자, 시대적 억압과 폭력의 바로미터인 여성과 어린이, 전쟁으로 자식을 잃고 영혼과 가슴이 무너진 사람들. 그녀 작품의 주인공들은 나치시대를 넘어 불안 속에서 살아가는 모든 약자들이다.

이 시대 광장에서 울고 웃는 예술가들도 다르지 않다. 남태령 고개에서 북풍을 견뎌냈던 이들이 이번엔 한남동에서 한설을 만났으니, 어떤 언어로도 설명할 수 없는 감정을 한 장의 그림이 모두 담아냈다. 우리 안에 똬리를 튼 이기주의를 허물고 온갖 경계와 긴장, 알량한 자존심을 무장해제시킨다. 공동체가 무너지고 개인주의가 우리 삶을 삼켜버린 이 시대, 마치 동상처럼 앉아있는 그녀들의 모습은 차라리 마리아들이었다.

타인과 공동체를 위한 존재로서 연대와 협력을 보여주는 굳건한 가부좌가 발휘하는 위력. '나'가 아니라 또다른 약자인 타인을 위해, 위기에 빠진 이땅의 민주주의를 위해 굳세게 앉아있는 모습은 각자도생에 익숙해진 '개인'들의 의식에 균열을 가한다. 레 미제라블, 비참한 사람들과의 연대가 혁명정신이었듯 결국 혁명은 사랑에 뿌리를 두고 있음을 온몸으로 웅변하고 있었다. 위력을 가져본 적 없는 약자들이 자신의 체온으로 북풍과 한설을 무력화시키고 위기에 빠진 민주주의에 인공호흡을 하고 있었다.

그래서 이정헌 작가의 이 작품을 '우리가 지키고 싶은 것들, 한남동의 피에타'라 부르겠다.

강미숙

화장실 갈 사람?

■ 2025년 1월 5일

　한남동 대통령 관저 앞에서 밤샘 집회를 이어가는 이들을 위해 인근 수도회에서 화장실을 개방했다. 안내하는 수도사는 아이돌 응원봉을 들고 앞에서 길을 안내하고, 민주 시민들이 그 뒤를 따른다. 예수님이 광장에 계신다면 그 제자들은 당연히 이러했으리라. 내가 가톨릭 신자임을 부끄럽지 않게 해준 수도회와 수도사님이 더 많은 사랑을 받기 바라며 최대한 친근하고 귀여운 이미지로 그려보았다.

우주전사 키세스단

■ 2025년 1월 6일

한 물리학자는 미 항공우주국(NASA)에서 개발한 은박담요를 뒤집어쓴 이들에게 '우주 전사라 할 만 하다'는 응원을 보냈다. 또 사람들은 그 모습이 초콜릿과 닮았다 하여 '키세스단'이라고 부르기 시작했다.

'내가 그의 이름을 불러 주었을 때 그는 나에게 와서 꽃이 되었다'는 시의 한 구절처럼 이름에는 힘이 있음을 믿는다. 더 많이 부르고, 더 많이 응원하고, 더 많이 사랑하며 서로가 서로의 힘이 되어주자.

나도 깃발 1

■ 2024년 12월 9일

이번 '빛의 혁명'에서 가장 비중 있는 아이템을 두 가지 꼽으라면 첫 번째는 아이돌의 응원봉이 기존 촛불의 역할을 대신했다는 것이고, 또 하나가 바로 각양각색의 깃발이다. 큰 단체들이 만든 깃발 아래 모이던 예전 집회의 모습에서 변화하여 이제는 각자 자기만의 깃발을 만들어 들고 나오기 시작했다. 스스로 생각하고 자기만의 의견을 드러내는 것이야말로 진정한 변화의 시작이라고 생각하기에, 다양한 깃발의 탄생은 촛불로 성장한 민주 시민이 또 한 번 진화하는 과정이라고 느꼈다.

현실적인 문제로 광장에 모이지 못하는 사람도 있고, 개개인이 모두 깃발을 제작하여 들고 나가기도 힘드니 '나도 깃발을 갖고 싶당'이라는 작은 프로젝트를 기획했다. 본인의 사진과 깃발에 담고 싶은 이미지를 보내주면 깃발을 든 각자의 모습을 그려서 공유하는 작업이었다.

나도 깃발 2

■ 2024년 12월 13일

처음에는 예전에 그렸던 지인들의 그림에 깃발을 추가하는 형식으로 작업하다가 조금이라도 더 많은 민주 진영의 시민들이 그림으로라도 대리만족하기를 바라며 SNS를 통해 함께 참여하고 싶은 이들의 신청을 받았다. 대부분이 SNS를 통해 소소하게라도 관계가 있는 지인들이었지만, 거의 교류가 없던 이들도 있었다.

고마웠다.
원래 처음의 목적이 그런 것이었으니까.
잘 모르는 누군가에게 부탁한다는 것이 쉬운 일이 아니라는 것을 잘 아는 한 사람으로 그런 용기를 내준 것에 마음속으로 뜨거운 박수를 보내며 그림을 그렸다.

나도 깃발 3

▪ 2025년 1월 11일

개인적인 스케줄과 탄핵 시국이 길어지면서 작업이 늦어졌다. 몇 사람만 더 그리면 완성인데 짬이 나지 않아서 못 그린 이들에게 죄송하다고 얘기하고 마무리하고 싶은 유혹도 있었지만, 보내준 정성이 있는데 그렇게 끝낼 수는 없었다. 마지막까지 있는 힘을 짜내서 다행히 무사히 매듭을 지었다.

신청하신 분은 다 그렸지만, 마땅한 사진이 없거나, 깃발에 쓸 문구가 생각나지 않아 그리지 못한 이들도 있었다. 조금만 더 관심을 두고 손을 내밀면 충분히 진행할 수 있었을 텐데, 나의 역량 부족으로 그렇게 하지 못한 부분이 시간이 지날수록 아쉽고 미안했다.

이렇게 총 41명의 시민이 40개의 깃발을 든 모습을 한 달 동안 틈틈이 그려 완성되었다. 처음에는 한 100명 정도는 돼야 모양새가 나지 않을까 싶었는데, 막상 그리다 보니 예상외로 내 한계치를 훌쩍 넘는 작업이었다. 그럼에도 불구하고 완성된 작품을 보고 응원해 주시는 분들 덕분에 힘을 얻었다. 그 응원과 공감이 내가 그림을 그리는 이유라는 것을 또 한 번 깨닫는 시간이었다.

나도 깃발4

제6장_ 빛나는 마음 • • • 281

3000개, 3000명

■ 2025년 3월 19일

군이 지난해 12월, 평소 보유량보다 훨씬 많은 영현백 3000개를 추가로 준비한 정황이 뉴스에 나왔다. '영현(英顯)'은 죽은 사람의 영혼을 높여 부르는 말이고 영현백은 시신을 담는 가방을 뜻하는데, 2년 2개월 최전방 부대에서 군 생활 하면서도 들어보지 못한 단어였다.

2024년 12월 4일 갑작스레 발동한 계엄을 몇 시간 만에 진압했을 때, 우리는 엄청난 일을 어설프게 준비한 대통령을 비웃었다. 하지만 시간이 지나고 사건의 면모가 밝혀질수록 이는 착각이었다는 것을 깨닫는다. 저들은 오랫동안 치밀하게 준비했고, 그것을 막은 건 많은 이들의 용기와 행동이 만들어낸 기적과 같은 일이었다.

계엄이 실패하지 않았다면 어쩌면 저 영현백들은 실제 용도에 맞게 사용되었을지 모르고, 저 안에 누워있을 3000명 중에 한 사람이 나였을 수도 있다고 생각하니 등골이 오싹해졌다. 이렇게 국민의 생명을 아무렇지 않게 여기는 이들에게 반드시 합당한 벌이 내려져야만 한다.

승리

■ 2025년 4월 4일

   길고 긴 기다림 끝에 탄핵이 인용되었고, 숨죽이며 선고를 기다리던 시민들은 그 결과에 환호했다. 아직 완전히 끝나지도 않았고, 앞으로 갈 길이 멀다는 것도 알지만, 마땅히 나와야 했던 결과가 이루어진 이번 결정은 대한민국 국민의 승리임에 틀림이 없다.

이른바 '빛의 혁명'으로 불리는 이번 시민 모임에서 가장 상징적인 아이템인 응원봉과 깃발을 모티브로 '승리'라는 두 글자를 디자인했다. 완성은 진작에 했지만, 탄핵 인용에 맞춰 공개했다. 앞으로 어떤 역경이 있더라도 국민이 이길 거라는 다짐의 마음을 담아서.

정리하는 글

지난 5년의 작업을 다시 들여다보며 선별하고 코멘트를 하는 시간은 의미 있는 작업임과 동시에 무척 괴로움의 연속이기도 했다. 괴로움의 대부분은 그림을 그리는 사람으로서 역량에 관한 부분이었다. '왜 이렇게밖에 못 그렸지?' '이렇게 했으면 의미를 더 잘 표현할 수 있었을 것 같은데.' 같은 범부의 자괴감이 이번 작업의 발목을 여러 번 잡았다.

그렇지만 그림을 그릴 당시의 느낌은 비교적 선명하게 남아있다. 사건과 상황을 어떻게 받아들이고 어떻게 녹여내서 어떤 방식으로 그려낼지 고민하는 과정이 하나둘 복기되는 것이 신기하기도 하지만, 그때의 나는 그만큼 진심을 다해 고민하고 그렸다는 징표였다.

모은 작품을 찬찬히 살펴보니 굳이 남들과 다르게 그리겠다는 생각보다는 내가 정한 기준에서 벗어나지 않는 나의 작품을 만들려는 노력이 보여 스스로를 칭찬했다. 차별성과 독창성을 우선하다 보면 기준이 흔들리기 쉽고, 사람들이 표시하는 '좋아요' 숫자에 연연하다 보면 어느 순간 기준을 벗어나게 된다. 그러지 않기 위한 노력의 결과물이 바로 이 책이다.

　따뜻한 시선, 따뜻한 표현, 따뜻한 공감과 여운까지, 내 기준의 우선순위는 따뜻함이라고 앞에도 썼다. 부족한 실력을 메꾸는 방법의 하나기도 하지만, 내가 원래 그런 것을 쫓는 사람이기 때문일 것이다.

　나는 성인군자가 아닌 보통 사람이라서 미운 사람을 밉게 표현하고, 누군가를 악으로 규정하기도 한다. 하지만 그 역시도 최대한 따뜻한 시선을 담으려고 노력했고 충분히 숙고한 다음 정하는 노력이 들어있음을 알아주면 좋겠다. 나의 마음은 이런데, 이 책을 본 독자들은 어떤 소감이 들지 궁금하다. 무섭기도 하고, 두근거리기도 한다.

　2025년, 우리는 모두 본의 아니게 민주주의 대격변의 시대를 살고 있다. 이러한 시기에 이 『이정헌의 따툰』이라는 책이 모두를 만족시키지는 못하더라도 한 사람이라도 더 많은 이들의 마음에 가닿아 작은 위안이 되기를 바라며 책을 마무리한다.

이정헌의 따툰

초판 1쇄 발행 2025년 6월 20일

지은이   이정헌
펴낸이   이세연
편 집   최상원
디자인   유혜현
제 작   npaper
펴낸곳   도서출판 혜윰터
주 소   경기도 부천시 소사구 소사로 257, 6층 C08호
이메일   hyeumteo@gmail.com
인스타그램   @hyeumteo

글, 그림 ⓒ 이정헌, 2025
ISBN 979-11-989942-1-9   03300

* 이 책은 저작권법에 따라 보호받는 저작물이므로 무단 전재와 복제를 금지합니다.
  이 책 내용의 전부 또는 일부를 이용하려면 반드시 사전에 저작권자와 도서출판 혜윰터의 서면 동의를 받아야 합니다.
* 값은 뒤표지에 있습니다.
* 잘못 만들어진 책은 구입하신 서점에서 바꿔드립니다.